Ljubu Hajdinjaku

Tudi najvišje drevo nekoč pade -
a pri tem zaznamuje cel gozd

PREPROSTO SLOVENIJA

SIMPLY SLOVENIA

Bogdan Kladnik
fotografije photographs

Shirlie Roden
besedilo text

Zaklad, Ljubljana 2007

Bogdan Kladnik

Kostanjevica

VSEBINA CONTENTS

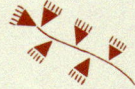

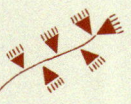

Reka Soča The Soča river

Naša, vaša Slovenija

Lipa zelenela je ...

Ko sem pred leti v osrčju Londona iz ust Shirlie Roden slišal to našo čudovito pesem, mi je srce zaplavalo nekam visoko nad Temzo, hkrati z njim pa tudi Slovenija. Da, ko je človek v tujini, se pravzaprav šele zave domovine kot nečesa posebnega, kot veličastne vrednote. In ko sem kasneje v Ljubljani - pred petimi leti v obnovljeni Unionski dvorani - prav tako poslušal glasove Maroltovega zbora, prepevajoče *Lipa zelenela je*, glasove, naskrivaj posnete ob začetku italijanske okupacije Ljubljane, se je v meni Lipa iz Londona in Lipa iz Ljubljane 1941 stkala v simbol nečesa izjemno trajnega, lepega. Ljubezni.

Slovenija. Majhen narod. Velika družina. Majhna dežela izjemno lepe, pestre narave in prijetnih ljudi. Narod, v katerem se sedanjost in preteklost močno prepletata. Slovenija, sončna alpska, jadranska, predpanonska, kraška dežela, v kateri se spajajo pokrajine bistrih gorskih rek, slapov, jezer in gozdnih planot, čudovitih kraških jam, vinorodnih goric, termalnih in mineralnih vrelcev, zdravilišč ... Slovenija, območje, ki je z odprtimi, prijateljskimi mejami že poldrugo tisočletje zgodovine na stičišču Slovanov z Germani in Romani, zdaj pa je polnopravno tudi včlanjena v evropsko družino. Slovenija - industrijska, kmetijsko gozdarska, pomorska in turistična dežela. Slovenija: sodobna mesta z moderno arhitekturo, skozi katero se prepleta duh preteklih mojstrov gradbincev, in slikovito podeželje, v katerem se nad strehami vaških hiš dvigajo cerkveni stolpi različnih slogov, po dolinah rek in na vzpetinah pa kraljujejo stari gradovi. In še bi lahko naštevali. Vse te številne lepote je v objektiv zajelo vešče, mojstrsko oko Bogdana Kladnika, ki nam skupaj s pesmimi Shirlie Roden predstavlja obraz, srce in dušo Slovenije. Biserni mozaik, ki nenehno vabi.

Mitja Meršol

Trenta

Our, your Slovenia

The lime was turning green ...

A few years ago, when I heard this wonderful Slovene song from the lips of Shirlie Roden in the centre of London, my heart swam somewhere very high above the Thames – and Slovenia with it at the same time. Indeed, it is only when you find yourself in a foreign country that you in fact become aware of your homeland as of something special, as of a magnificent, majestic value. And when I eventually listened – some five years ago in the reconstructed Union Hall in Ljubljana – to the voices of the Marolt Choir singing *The lime was turning green*, secretly recorded immediately after our capital city was occupied by the Italians, the Lime from London and the Lime from Ljubljana 1941 were woven in me into a symbol of something exceptionally lasting, beautiful. Love.

Slovenia. A small nation. A big family. A small country with extremely beautiful nature and very pleasant people. The nation, in which the present and the past highly interact with each other. Slovenia, sunny, Alpine, pre-Pannonian, karst country, in which the landscapes of pure mountain rivers, waterfalls, lakes and forest plateaus, marvellous karst caves, thermal and mineral springs, viniferous hillocks and spas merge with each other ... Slovenia, which has with its open, friendly boundaries been situated in the contact area of the Slavs with the Teutons and Romans for a millennium and half, while presently it is a full member of the European family. Slovenia – an industrial, agricultural, forestrial, maritime, tourist country. Slovenia: modern towns with modern architecture, through which the spirit of master builders and the picturesque countryside interact, where belfries built in different styles rise above the roofs of village houses and where old castles reign in the river valleys and on numerous slopes. And so much more ... All these countless beauties have been caught in the lens by the skilful eye of Bogdan Kladnik, who together with the songs of Shirlie Roden presents to us the face, the heart and the soul of Slovenia. A pearly mosaic that keeps inviting ... and inviting ...

Mitja Meršol

LJUBLJENA SLOVENIJA

Slovenijo sem prvič obiskala zgolj po naključju, čeprav zdaj, ko gledam nazaj, v življenju pravzaprav ni naključij. Usojeno mi je bilo priti v to čudovito državo, usojeno mi je bilo, da se zaljubim v to nedotaknjeno deželo in slovanskega duha, prav tako kot mi je bilo usojeno odraščati v zelenih dolinah južnega Walesa in se s petjem prebiti skozi šolo, čeprav sem se rodila v Londonu.

Za novonastalo republiko Slovenijo sem prvič slišala, ko sem nek konec tedna pela na srečanju v Gaunts House v Dorsetu. »Slovenija?« sem ponovila za svojima novima slovanskima prijateljicama Jano in Darinko iz Nove Gorice. Pošalila sem se: »Slišala sem že za Transilvanijo, od koder prihajajo vampirji. Je to kje blizu?«

Kmalu sem sama spoznala, kje je ta majhna država z besedo »ljubezen« (angl. love) v imenu, saj sta me Jana in Darinka povabili, naj ju skupaj s prijateljem Johnom Christianom obiščem v Novi Gorici in zapojem njunim prijateljem. Tako se je nekaj dni pred božičem leta 1992 začela moja trajna ljubezenska zveza s tem čarobnim in čudovitim krajem, ki je zdaj moj drugi dom. Pravzaprav imam zdaj verjetno več prijateljev v Sloveniji kot v Angliji!

Bilo je torej decembra 1992, ko sem prvič stopila na zamrznjena slovenska tla, ta majhna, a neomajno neodvisna država, pa se je že začela izvijati iz jugoslovanskega komunizma in se čvrsto postavljati na svoje noge, nato pa se postopoma približevati Evropski uniji. Vendar me politično ozadje ni zanimalo. Kar pa me je takoj popolnoma prevzelo, je bila pokrajina, veličastne gore, bujne doline, prostrani temnozeleni divji gozdovi in celo pravi medvedi, ki še vedno živijo v njih! Popolna neokrnjena lepota podeželja me je tako prevzela, da je postalo moje dihanje globoko in dolgo. Zdelo se mi je, kot da je zemlja še vedno deviško čista in nabita s posebno energijo. Med nadaljevanjem mojega »pevskega obiska« v naslednjih mesecih so me moji ustrežljivi prijatelji peljali od enega konca države do drugega. »Zakaj pa ni nobenih ograj?« sem nekega dne vprašala Jano. Videla sem le neskončno pokrajino, raztezajočo se

BELOVED SLOVENIA

It was pure chance that I first visited Slovenia – although of course, looking back over one's life, there never really are any coincidences. I was meant to come to this beautiful country, I was meant to fall in love with the unspoiled land and the Slavic spirit just as much as I - a born Londoner - was meant to be brought up in the green valleys of South Wales and sing my way through school.

I first heard of the newly-formed Republic of Slovenia while singing at a weekend gathering at Gaunts House in Dorset. 'Slovenia?' I echoed to my freshly-met Slavic friends, Jana and Darinka from Nova Gorica. 'I've heard of Transylvania where the vampires come from', I joked. ' Is it anywhere near there?'

I was soon to discover for myself where this tiny country with the word 'love' nestling in the middle of its name was, because Jana and Darinka invited me and my friend John Christian to come and sing for their friends in Nova Gorica. And so just before Christmas 1992, it began: my continuing love affair with a magical and wonderful place which has now become my second home. In fact, I probably have more friends now in Slovenia than in England!

Yes, it was December 1992 when I first set foot on frosty Slovene soil as the small but firmly independent country of Slovenia was beginning its emergence from Yugoslav communism to stand strongly on its own feet and then take small steps on the gradual path towards the European Union. But I wasn't interested in the politics of it all. What struck me right between the eyes with immediate impact was the land, the majestic mountains, the luscious valleys, the dark green vast wild forests with - oh my goodness, real bears still living in them! It was the absolute unspoiled beauty of the countryside that pulled on my heart and caused me to breathe deeply and long. It felt to me as though the earth was still virgin, pure, with a special energy to it. As my 'singing visits' continued over the coming months, I was driven from one corner of the country to another by

med dolinami in gorami, ki je bila posejana z majhnimi kmetijami. »Zakaj pa naj bi imeli ograje?« je vprašala Jana. »V Angliji so ograje povsod,« sem odgovorila, »ograje, žive meje, vrata, znaki za prepovedan dostop in zasebno posest. Tako veš, kje ne smeš hoditi.« »Kako nenavadno,« je dejala Jana. »Tu lahko hodiš povsod.«

In ljudje so to dejansko počeli. Slovenci takrat še niso imeli evropskega delovnika, kot ga imajo zdaj. Zato so delo končali zgodaj popoldne in so se lahko ukvarjali s priljubljenimi oblikami razvedrila, kot so pohajanje po podeželju, sprehajanje, plezanje, plavanje, jezdenje, zmajarstvo, smučanje in sproščanje v termalnih vrelcih. Čeprav je Slovenija majhna država, je prednost tega, da traja vožnja med dvema skrajnima koncema Slovenije tri ure in pol, to, da lahko na enem samem območju preprosto počneš karkoli.

Na začetku sem oboževala ravno to, da sem sedela v avtomobilu in opazovala, ko smo potovali naokrog. Ko sem v Sloveniji doživela prvo pomlad, se mi je med vožnjo skozi doline, katerih pobočja so bila prekrita z divjim cvetjem, vzradostilo srce. Spomnila sem se na pesem »Kam so šle vse rožice?«. V razne dele Evrope, vse po vrsti higiensko popršene. V Angliji preprosto ni več takšnih travnikov, polnih krasnih in pisanih vrst rož, za katere so nam pravili, da so »plevel«. Nobenih ograj, pisani kolaž iz rastlin, občutek svobode, ki se odraža v nenehno rastoči popolnosti. Kako mi je poskakovalo srce v prijetnih tresljajih, ko smo se poleti vozili mimo polj, polnih ogromnih rumenih sončnic, ki so poplesovale v vetru. In pozimi, ko so alpske cvetice, tako čiste, dehteče in nežne, milo pogledovale izpod snega, se mi je zaradi njihove rožnato-bele miline topilo srce. Ko so se ponovno obrnili letni časi in je vnovič napočila pomlad, je bilo celotno pobočje obarvano zlato-rumeno in prekrito z REGRATOM! Oh, kako lepo! In ljudje so ga celo jedli! Kot vsak drug Slovenec sem bila kmalu vešča izkopavanja svežega regrata in pripravljanja regratove solate s krompirjem in česnom ali rezanja vršičkov mladih kopriv, iz katerih sem bodisi skuhala juho ali jih poparila, bodisi jih sesekljala in pripravila špinačo iz kopriv. Glede na to, da sem pevka, že dolgo časa poznam prednosti česna kot naravnega antiseptika in sredstva za čiščenje krvi. Ker pa sem tudi Britanka, se prav tako močno zavedam angleškega odnosa do njegovega vonja! Toda v Sloveniji sem lahko pojedla toliko česna, kot sem želela, ne da bi sploh kdo opazil. Prav tako so Slovenci na regrat gledali kot na nekaj zares dobrega in koristnega za zdravje, ne pa kot na reč, ki jo treba uničiti, če želimo ustvariti popolno trato za angleški vrt.

obliging friends. 'Why aren't there any fences?' I asked Jana one day. All I could see was endless land, stretching down into valleys, up into mountains, dotted with little farm buildings. 'Why should we have fences?' asked Jana. 'We have fences everywhere in England', I replied, 'Fences, hedges, gates, Keep Out and Private signs. So you know where you are not allowed to walk.' 'How strange', said Jana. 'You can walk wherever you want here.'

And people did. In those days, Slovenes didn't work to the more European office timetable they do now, and finished early afternoon, leaving themselves free for their favourite pastimes of being out in the country, walking, climbing, swimming, riding, hang-gliding, skiing, relaxing in thermal spas. Slovenia may be a small country, but the really good thing about being a three-and-a-half-hour drive from one border to another across Slovenia is that you can actually do anything and everything you want within that one whole area very easily.

To begin with, I actually just loved sitting in the car and looking, as we travelled around. The first Slovene spring I experienced, my heart lifted as we drove through valleys with hillsides carpeted with wild flowers. I thought of the song, 'Where have all the flowers gone?' Sprayed hygienically, every one, in many parts of Europe. You just didn't see meadows like that in England any longer, filled with such a glorious and colourful variety of flowers which we have been taught to call 'weeds'. No fences, bright patchworks of flora, a feeling of freedom reflected in an endlessly-spreading perfection. How my spirit sang with joyful vibration in summer as we drove past glorious fields full of giant yellow dancing sunflowers. And in winter, peeping softly up from under the snow, alpine flowers so pure and sweet and gentle, they melted your heart with their pink and white softness. Then as the seasons turned again through the spring, wow, look, a whole golden yellow hillside covered in DANDELIONS! And what's more, people ate them too! I soon became as good as any Slovene in digging up fresh regrat and making dandelion, potato and garlic salad or cutting the tops off early nettles to cook soup or blanche and chop for nettle spinach. Being a singer, I'd long known of the benefits of garlic as a natural antiseptic and blood clarifier, and being British, was also painfully aware of the English attitude to The Odour! But hey, I could eat as much raw garlic as I wanted and nobody even noticed here. And dandelions were looked upon something really positive and health-giving, rather than That Which Must Be Destroyed to create the perfect English garden lawn.

Zelo je bilo tudi razveseljujoče, ko smo se vozili skozi vasi in videli ljudi obdelovati zemljo, ne da bi sedeli na traktorjih. Začutila sem, da so Slovenci še vedno zelo povezani z zemljo. Travo so namreč kosili s koso, slamo so nosili na hrbtu ali jo spravljali v tradicionalne kozolce, kjer se je sušila, ali pa so zunaj razkopavali po svojih zaplatah zemlje (ki so sicer bile razmejene z dozdevno nevidnimi mejniki v zemlji ali po nejasnem in oddaljenem spominu katerega od sosedov). Spomnim se, da sem mater enega svojih prijateljev videla, kako je z vedrom hodila po polju. »Kaj pa počne?« sem vprašala. »S krompirja obira hrošče,« je dejal nekdo. Na roke? Brez pesticidov. To je name res naredilo vtis! Toda kot sem spoznala pozneje, Slovenci obožujejo delo z rokami, vključno z rezbarjenjem, slikanjem (barvanje tradicionalnih velikonočnih jajc je samo po sebi že umetnost), izdelovanjem tradicionalnih glasbil in igranjem nanje, čipkarstvom, vezenjem, oblikovanjem in izdelovanjem oblačil, sveč, pihanjem stekla (preprosto obožujem steklo iz Rogaške Slatine), sijajnimi organskimi vini, neverjetnim ročno izdelanim pohištvom iz domačega lesa in neštetimi knjigami o poeziji in fotografiji, če jih naštejem samo nekaj. Če so Slovenci dejansko s čim obsedeni, je to fotografiranje vsega in česarkoli (oprosti, Bogdan). Vendar je to pravzaprav dobro, saj v nasprotnem primeru ne bi bilo te knjige!

Tako sem se počasi začela zaljubljati v naravne lepote Slovenije. »Počasi« pravim zato, ker je bilo toliko vsega, kar bi si lahko ogledala. Osvežilne, čiste, poskakujoče in turkizno-modre reke, kot je osupljiva Soča v dolini Trente. Gorski potočki in izviri, iz katerih lahko z roko zajameš vodo in piješ čisto vodo, ter bobneči slapovi, ki te osupnejo s svojo močjo, pršem in silovitostjo. Neverjetna čarobna jezera, kot je Bohinjsko, ali presihajoče Cerkniško jezero, ki vznikne iz kraterjem podobnih odprtin in poplavi sosednja polja. Poleti lahko po njem veslaš in opazuješ divje cvetice, ki se v vodi pod tabo na dolgih steblih dvigujejo proti gladini kot v izgubljenem svetu iz pripovedke o povodnih otrocih (angl. Water babies). Pozimi lahko ob polni luni sediš visoko na Slivnici (legendarni gori čarovnic, ki se vzpenja nad jezerom) in strmiš navzdol na zamrznjeno tišino. Ni presenetljivo, da sem tam dobila navdih za tole pesem:

Silver moon lights the Vanishing Lake and the mountains breathe white mist
Villages are deep in slumber, peacefully dream-kissed
Like seeds within the hand of God, we're held with loving care
As the moment of surrender whispers on the midnight air
Ooh, ooh I am vanishing within
And in my disappearing is the place where I begin … *(The Vanishing Lake)*

It was so refreshing too to drive through villages and see people working out on the land. Not sitting on tractors. I felt Slovenes still had a real connection with the land - cutting the grasses with scythes, carrying straw on their backs or loading on to the traditional kozolec to dry, out digging on their individual strips and plots (which did have borders – either marked by apparently invisible stones in the earth or in some neighbour's dim and distant memory). I remember seeing my friend's mother out in the fields with a bucket. 'What's she doing?' I asked. 'Picking the beetles off her potatoes,' said someone. By hand? No pesticide. I was impressed! But Slovenes, as I was to discover, loved to do so much by hand, from wood carving, painting (the traditional Easter egg painting is an art in itself), making and playing old traditional musical instruments, lace-work, embroidery, designing and creating clothes, candles, glass-blowing (I just love the glass from Rogaška Slatina), wonderful organic wines, fabulous hand-crafted furniture from local wood, and endless endless books of poetry and photographs, to name just a few things. In fact, if there is one Slovene obsession (sorry, Bogdan) I would say it was taking photographs of anything and everything. Thank goodness really, or this book would not exist!

So I slowly fell in love with the natural beauty of Slovenia. I say 'slowly', because there was just so much to see. Fresh, clear, dancing rivers, turquoise-blue like the breath-taking Soča in the Trenta valley. Mountain streams and springs where you could just cup your hands and drink the pure water, and pounding waterfalls which dazzled you with their power and spray and vitality. Incredible magical lakes like Bohinj, or the Vanishing Lake Cerknica which spouts up from crater-like blowholes and floods the neighbouring farmland. You can row out on it in summer and see the wild flowers reaching up on long stems in the water beneath like the lost world of the Water Babies. Or in the winter you can sit at full moon high up on Slivnica (the fabled Witches' mountain overlooking the lake) and gaze down upon the frozen stillness below. No wonder I was inspired to write:

Silver moon lights the Vanishing Lake and the mountains breathe white mist
Villages are deep in slumber, peacefully dream-kissed
Like seeds within the hand of God, we're held with loving care
As the moment of surrender whispers on the midnight air
Ooh, ooh I am vanishing within
And in my disappearing is the place where I begin … *(The Vanishing Lake)*

Spoznala in vzljubila sem družino Kandare iz majhne vasi Dane, ki leži ob robu jezera nedaleč od Cerknice. Brata Janez in France vzrejata svojo pasmo črnih lipicancev (Lipica je kraj v Sloveniji in dom teh čudovitih bitij). Skozi vse leto sta vas pripravljena popeljati na ježo okoli jezera in pravo veselje je opazovati prizor, ko na konjih z vratolomno hitrostjo dirjata po vodi, obkroža pa ju mavrični pršec barvitih kapljic. Pozimi vprežeta konje v čudovite stare lesene sani, na katerih vas popeljeta na izlet po snegu ob spremljavi pesmi in zvončkljanja zvoncev ter kuhanega vina, domačega peciva in zabave. Dobro blagodejno razvedrilo in čudovito duhovno doživetje je, ko betlehemska lučka (ki jo prinesejo iz Svete dežele) decembra prispe v vas, v majhni cerkvi v Danah (po velikosti nič večji od prostornejše garderobe) pa prižgejo sveče in jih v Francetovih ročno izrezljanih svetilkah odnesejo domov skozi temačno vas.

Kamorkoli stopite, je seveda obilica dreves, ki kot močni zeleni lasje in brada poganjajo po pobočjih. Spomladi so celi hektari gozdov posejani s rožnatimi cvetovi divjih češenj, poleti predstavljajo zeleno in hladno zatočišče pred vročino, jeseni pa so z zlatimi, bakrenimi in rumeno-rdečimi odtenki prava paša za oči. Slovenija ima visoko stopnjo poraščenosti z gozdom in ohranja nekatere od edinih preostalih pragozdov v Evropi. Nekdo mi je nekoč dejal, da je Slovenija tako slabo razvita, ker je bila del severne Jugoslavije, ki mu predsednik Tito ni namenjal denarja. Sicer ne vem, ali to drži, toda v devetdesetih letih, ko sem se skupaj s presenetljivo majhno skupino prijateljev in turistov začela zaljubljati v Slovenijo, smo ji pravili »najbolje varovana skrivnost Evrope«. Malodane smo želeli zaščititi njeno neomadeževano naravno lepoto. Toda ko sem se v Sloveniji bolj uveljavila kot pevka in so me po šolah začeli vabiti na nastope, sem dejansko vedno opozarjala otroke, da bodo

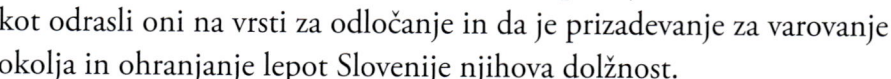

kot odrasli oni na vrsti za odločanje in da je prizadevanje za varovanje okolja in ohranjanje lepot Slovenije njihova dolžnost.

Takrat sem bila zanje »živa učna ura iz angleščine«, saj se je večina mlajše generacije v šoli učila angleško, medtem ko so starejše generacije kot tuj jezik govorile predvsem nemško. Kar pa se tiče mene, se sama nisem nikoli učila slovanskih jezikov, vendar sem se pogumno odločila, da poskusim in se naučim slovenščino. Navsezadnje mora biti vsak jezik, v katerem izraza za krompir ni mogoče kar tako uganiti, precej nenavaden! Zame je bilo najbolj zanimivo učenje skozi glasbo, zato sem počasi začela s tradicionalnimi ljudskimi pesmimi, kot sta »Vsi so venci vejli« in »Lipa zelenela je«, potem pa sem tudi sama napisala zelo

I grew to know and love the Kandare family from the little village of Dane, perched on the edge of the lake not far from Cerknica. The two sons Janez and France breed their own kind of black country Lipica horse (yes, Lipica is a place in Slovenia and the original home of these beautiful creatures). They'll take you out riding around the lake all through the year, and to see these men galloping their horses at breakneck pace through the water as a rainbow of coloured droplets sprays around them is pure exhilaration. Then in winter they'll hitch the horses up to wonderful old wooden sleighs for a Kandare outing in the snow, with singing and bells jingling, hot wine and home-made biscuits and merriment. All good healthy fun, and marvellous for the soul when the Bethlehem Light (carried all the way from the Holy Land) reaches the village in December and candles are lit in the tiny Dane church (the size of a large wardrobe) and carried home through the village darkness in France's hand-carved lanterns.

And everywhere you go, of course, an abundance of trees, like strong green hair and beards bursting forth on the face of the hillsides, hectares of forests dotted with wild pink cherry blossom in the spring, green and cooling havens during the heat of summer, and a blaze of golden copper yellow-red to feast your eyes upon in autumn. Yes, Slovenia has a high level of forestation and retains some of the only remaining virgin forest in Europe. Someone once said to me that Slovenia was so under-developed because it was a part of north Yugoslavia President Tito didn't invest any money in. Whether or not that is true, I don't know. But in those years through the nineties when I and a surprisingly small group of friends and tourists began to fall in love with Slovenia, we used to refer to it as 'Europe's best-kept secret.' We almost wanted to protect its natural unspoiled beauty, and in fact, as I became more well-known in Slovenia with my singing and was asked to perform in schools, I always reminded the children that when they grew up, they would be the next generation making decisions, and that it was their responsibility to work to fight for the environment and help keep Slovenia beautiful.

I was a kind of 'walking English lesson' for them at that time, as most of the younger generation were learning to speak English in school, but the older generation mainly spoke German as their second language. And as for me – I'd never studied a Slavic language in my life, but made the brave decision to try and learn Slovene. After all, any language where the word for potato was the

preprosto pesem. Poimenovala sem jo »Kako lepo«. Čeprav je meni in otrokom služila kot sredstvo za učenje, je postala tudi dobro orodje za ozaveščanje odraslih na mojih koncertih, na katerih smo opevali rože, drevesa, živali, gore, zemljo in Slovenijo kot celoto ter zares počastili obilje naravne lepote v tej državi. »Ko boste nekega dne šli v Evropo,« sem govorila na koncertih, »se borite za to, da bo Slovenija ostala lepa. Ne zavrzite tega, kar imate.« To sem vedno sporočala Slovencem in to počnem še danes. Ko sem pesem »Kako lepo« decembra 2000 zapela kot gostja na razprodanem Unicefovem koncertu v Cankarjevem domu v Ljubljani, mi je pritegnilo celotno občinstvo, takratni predsednik države Milan Kučan pa mi je nato segel v roko in povedal, da mu je bila pesem, ki je bila napisana pol v slovenščini, pol v angleščini (temu pravim angloslovenščina), zelo všeč.

Pred nekaj leti je bil v britanskem časopisu objavljen članek, da je Slovenija eden najbolj zdravih krajev za bivanje v Evropi, in brez dvoma se zdi, da so Slovenci polni energije. Ker sem dolgo časa živela v mestu in bila temu ustrezno nerazgibana, mi je bilo pogosto nerodno, ko so me med hojo zunaj, ko sem trudoma sopihala navkreber, prehitevali tako ostareli upokojenci kot triletni otroci. Spomnim se, kako je enkrat nek vitalen Slovenec mimo mene tekel na Šmarno Goro in nato spet nazaj proti dolini, medtem ko sem se jaz še vedno trudoma opotekala proti vrhu! Kmalu sem se

naučila, da je treba biti previden, ko Slovenec reče: »Ali bi šli na kratek sprehod?« To lahko namreč pomeni vse od lahkotnega triurnega sprehoda na bližnjo goro (in seveda triurni povratek) ali obhod celotnega bližnjega gozda. In vse to pred zajtrkom, veste, preden pride na vrsto pravo razgibavanje.

Tako so me Slovenci začeli navdihovati za pesmi, pravzaprav za cel album, ki sem ga poimenovala »The Vanishing Lake«. Iskanje navdiha niti ni bilo težko. Dejansko je bilo zelo preprosto. Vse, kar je bilo potrebno, je bilo to, da se pogledala okoli sebe. Pogosto sem razmišljala, kako neverjetno srečo imam, da se na poti v »službo«, če so me najeli za nastop v kakšni majhni vasi, peljem skozi krasne doline, nad katerimi se v ozadju dvigujejo Julijske Alpe, pokrite s snegom in tako zelo veličastne. Včasih sem morala še enkrat pogledati in se uščipniti. Videti je bilo, kot da bi nekdo čez nebo razprostrl ogromno propagandno fotografijo. Ali je sploh možno, da so te gore resnične? Spomnim se, ko sem s prijatelji prvič šla na Veliko Planino pri Kamniku. Po vožnji z žičnico in dolgem sprehodu, ki je sledil, smo sedeli v majhni koči nekje na vrhu in srkali vroč čaj. Ko sem pogledala skozi okno koče, so sneženi vrhovi gora zavzemali celotno površino okna. Bilo je kot v muzikalu Moje pesmi, moje sanje. »Ste

unguessable 'krompir' had to be pretty unusual! The most interesting way for me to learn was with music, so I began slowly with some traditional folk songs like 'Vsi so venci vejli' and 'Lipa zelenela je' and then wrote my first very simple song myself. It was called 'Kako Lepo' (how beautiful) and although it began as a teaching vehicle for children and for myself, it became a good awareness tool for adults in my other concerts too, as we sang to the flowers, trees, animals, mountains, earth, the whole of Slovenia, and really honoured the abundant beauty of nature in this country. 'When you go into Europe, as you will one day' I kept saying in my concerts, 'please fight to keep Slovenia beautiful. Don't lose what you have.' That was always my message to the Slovenes, and still is today, and when I sang 'Kako Lepo' as a guest at the sell-out Unicef Concert at Cankarjev dom in Ljubljana in December 2000, the entire audience sang along with me, and the then President of Slovenia Milan Kučan shook my hand afterwards as he told me how much he liked my song, which was written half in Slovene, half in English. (I called it 'slovenglish'!)

There was an article in a British newspaper some years back saying Slovenia was one of the healthiest places to live in Europe and certainly, Slovenes seemed to have a lot of energy. With my years of living in the city and what I call my 'London legs', I was constantly put to shame out walking both by old age pensioners and three-year-old toddlers whizzing by me as I plodded my way breathlessly up the hillsides. On one occasion, I remember a lively Slovene running past me up Šmarna Gora and then sprinting back down again as I still attempted to stagger painfully to the summit! I soon learned to be wary when a Slovene would say 'Shall we go for a short walk?' which might be anything from a breezy three-hour stroll up a nearby mountain (and then of course, another three hours back down again) or the entire circumference of a nearby forest. And all before breakfast, you understand, before we did any real exercise.

So Slovenia began to inspire songs in me, in fact, a whole album called 'The Vanishing Lake'. And it wasn't difficult to be inspired. Quite simple, really. All you had to do was look around you. I have often thought how amazingly lucky I have been to travel to my 'work', booked to sing in some small village somewhere, driving through gorgeous valleys with the Julian Alps towering in the background, snow-capped and majestic. Sometimes I had to blink and pinch myself. It looked

prepričani, da so te gore prave?« sem vprašala prijatelje. Zdi se mi namreč, da je nekdo na vsa okna nalepil koledarje. Kako je lahko popolna lepota narave tako pristna, da se našim, oglasom vajenim očem, ki jo pohlepno zrejo, zdi ponarejena? Ta silna pristnost se je zdela tako nenaravna ravno zaradi popolnosti, neoskrunjene in nedotaknjene snežne beline gorate gmote ob temnomodrem nebu in odsotnosti ljudi.

In ta zrak. Čim sem na letališču stopila iz letala, sem v pljučih začutila razliko. Čistost. To je ključna beseda za Slovenijo. Čist zrak, čista voda, čista dobrota ... Spomnim se tudi nekega drugega trenutka, ko sem sredi sezone poletnih koncertov preživljala popoldneve ob Blejskem jezeru. V tem jezeru je čudovito plavati. Je kristalno čisto, velik del njegovega obrežja pa ni pozidan s hoteli. Ima le travnato obalo, na kateri lahko sediš. Omenjenega dne sem počasi plavala neposredno do malega otočka sredi jezera. Na njem je cerkev, v kateri lahko pozvoniš in si kaj zaželiš. Ko sem počasi plavala nazaj na obalo in si ogledovala pravljični grad na hribu, venec gora, ki so se zdele kot varuhi iz žive skale, modro nebo, sončno vreme, zven pesmi z gondolam podobnih čolnov, ki so pluli do cerkve na otoku in nazaj, sem si želela le eno: da bi bilo moje življenje še naprej tako lepo. V Londonu so ljudje garali ob pregretih računalnikih v natrpanih zgradbah, moja pisarna pa je bilo to izjemno naravno ozadje, ta zdravilna čista voda, ki se je lesketala pred mano. Zares, »Kako lepo«.

Ko ravno govorim o zdravilni vodi, preprosto moram omeniti termalne vrelce, ki so zame nekakšen sanjski zaključek delovnega dne. Naravni topli vrelci so po vsej Sloveniji, termalna voda pa resnično blagodejno učinkuje na sklepe in kosti, čeprav se zdi, da te popolnoma izčrpa, če v njej preživiš več kot tri ure. Čudovita lastnost naravne tople vode je, da lahko v njej uživaš poleti, pa tudi pozimi, ko zdrsneš v še vedno vroče zunanje bazene, četudi je okoli sneg in je temperatura pod ničlo. Zares poživljajoče je vdihovati hladen zrak, hkrati pa udobno čepeti v topli vodi. Najraje sem imela, da sem šla v enega od velikih bazenov brbotajoče tople vode in se prepustila masaži utripajočih termalnih curkov ali se približala kateremu od vodnih curkov zunaj, ki mi je nežno masiral mišice. Oh, to je čudovito, pravo in v celoti zasluženo samorazvajanje! Popoldan v enem od slovenskih zdravilišč je moja predstava blaženosti in nekaj, s čimer se razvajam ob vsakem obisku.

Toda ko sem v naslednjih mesecih in letih še bolj raziskala to deželo, ki se je odpirala pred menoj, sem spoznala, da se me ni dotaknila samo osupljiva zdravilna moč nedotaknjene slovenske zemlje, as though someone had stretched a giant publicity photo across the panorama of the sky. Could those mountains really be real? I remember the first time I went up Velika Planina near Kamnik with friends. A ski-lift and a long walk later and then we were sitting in a tiny hut somewhere on the top, sipping hot tea. As I looked out of the hut window, the whole glass pane was entirely filled with snow-capped mountain. It was pure Sound of Music. 'Are you sure we're looking at real mountains?' I asked my friends. 'Because I think someone's just stuck calendars up in all the window panes.' How can the absolute beauty of nature be so real, it doesn't look real to our commercialised human eye gazing voraciously upon it? It was the perfection, the unsullied pristine ice-whiteness of the mountainous mass against the deep blue sky, and not a human being in sight, that made its vast and powerful reality so unreal.

And then there was the air. As soon as I got off the plane at the airport, I could taste the difference in my lungs. Purity. Now there's a key word for me and Slovenia. Pure air, pure water, pure kindness … I remember another time, in the middle of summer concerts, spending the afternoon down at Lake Bled. It's a lovely lake to swim in, so crystal clear and a large circumference of the border with no hotel development, just grassy edges you can sit on. This particular day, I slowly floated and swam right out to the little island in the centre of the lake. There's a church on it and you can toll the bell and make a wish. As I swam lazily back to shore, gazing at the fairy-tale castle up on the hill, the circle of mountains like solid stone guardians, blue sky, sunshine, the sound of singing from the 'gondola'-style boat taxis that rowed back and forth to the island church, the only wish I had was that my life could continue to be so beautiful. Back in London there were people slaving away over hot computers in crowded buildings, while this awe-inspiring backdrop of nature, this healing, pure water shimmering before me was my current office world. 'Kako Lepo', indeed.

And while we're talking of healing water, I just have to mention the thermal spas, a kind of dream ending to me for any busy day. There are natural hot spas all across Slovenia and the thermal water is really good for joints and bones, although it does tend to zap you out completely if you spend more than three hours in it. The lovely thing about the naturally hot water is that you can take advantage of it both in summer and winter, gliding outside into the still-hot outer pools even when there's snow on the ground and freezing temperatures. It's really exhilarating to breathe in the cold air and simultaneously snuggle under the warm water. My favourite thing is either to slip into one of the large 'pots' of bubbling warm water and simply allow a pulsating, thermal stream to massage me, or plug on to one of the water jets outside and allow it to gently manipulate my muscles.

temveč tudi sami Slovenci. Ker sem sama dolga leta živela v grobem moškem svetu rokovske glasbe, čemur je sledil tekmovalen pritisk pisanja in igranja v glasbenem gledališču v Londonu, sem scensko umetnost dojemala kot nekakšen tečaj za preživetje, na katerem si se navadil zavrnitev na pogostih avdicijah ali ostrine izpod peres kritikov, ki so grajali tvojo najnovejšo stvaritev, in se naučil »pobrati, otresti prahu in vnovič začeti«, kot pravi pesem. V Sloveniji je petje zame predstavljajo nov začetek, potem ko sem konec osemdesetih let šla skozi kolesje življenja in se v devetdesetih pojavila na drugi strani v majhnih čustvenih delih. Takrat sem se odločila, da ne bom pela in pisala za denar ali da bi postala zvezda, ampak zaradi nečesa, kar sem nenadoma spoznala, da me je veselilo kot otroka, to je izključno zaradi veselja do petja. Vrata v Slovenijo so se mi tako na široko odprla. Ko sem pela Slovencem, sem se prvič v življenju počutila popolnoma in preprosto sprejeto takšno, kot sem, in sicer zaradi mojega glasu, zaradi petja mojih pesmi. Nihče ni zahteval, naj spremenim sebe, svoj glas ali samo besedo v mojih besedilih, niti indijansko modrost, ki je spontano bruhala iz mene. Slovenci so odprli svoja srca, me sprejeli vanje in bilo je … čudovito. Slovenska ljubezen se me je dotaknila in prvič v življenju sem se počutila brezpogojno sprejeto in ljubljeno zaradi daru, za katerega sem si tako dolgo prizadevala, to je zaradi daru petja in pisanja. Nič čudnega, da sem napisala naslednjo pesem:

Slovenia, Slovenia, will always be my home
Slovenia, Slovenia – when I am near you the mountain tops sings to me
When I am near you, it feels like the spring to me
When I am near you, I am never alone … *(Slovenia Song)*

Poleg tega, da so Slovenci imeli radi moj glas, obiskovali moje koncerte in si dovolili, da so jim v oči privrele solze, ko se jih je nekaj v mojem visokem glasu globoko dotaknilo … (Nenehno so govorili, da sem zvenela kot angel. In to jaz, ki sem si celo življenje prizadevala, da bi imela glas kot Janis Joplin! Zato sem pela s čedalje bolj visokim in jasnim glasom ter pustila, da se je zvok nežno pretakal iz mojega srca v njihova srca) …, so me zasipali tudi z …, no, z vsem, če povem po resnici. Rož je bilo v izobilju in Slovenci zagotovo vedo, kako pripraviti šopek. Od več sto šopkov, ki sem jih prejela v vseh teh letih, je bil najlepši, ki se ga spomnim, tisti, ki sem ga dobila po koncertu v cerkvi, namenjenem meditaciji za mir. To je bil ogromen šopek iz rožnatih vrtnic, prekrit z

Ooh, it's wonderful, pure and unadulteratedly-deserved self-indulgence! An afternoon in one of Slovenia's thermal spas is my idea of bliss and it's something I try to allow myself on every visit.

But as I continued over the months and years to explore this country that was opening before me, I discovered that it wasn't just the amazing healing power of the unspoiled Slovene earth that touched my heart so deeply. It was the Slovenes themselves. Coming as I did from years of the tough, masculine world of rock music, followed by the competitive thrust of writing and performing for musical theatre in London, I was used to the performing arts as a kind of Survival of the Fittest course, where you shouldered off the rejection process of continual auditions or the rigours of the Critics' pens slating your latest creation, and learned as the song says, to 'pick yourself up, dust yourself down, and start all over again.' Singing for me, in Slovenia, was starting all over again, as I'd gone through the personal mill of life at the end of the eighties and found myself churned out the other side in the nineties in small emotional pieces. I had then made the decision to sing and write, not for payment, not to be a star, but for what I suddenly realised had lifted my soul as a child: just for the joy of singing. And the doors to Slovenia swung wide open. For the first time ever in my life, as I sang to the Slovenes, I found myself purely and simply accepted for being me. For having my voice. For singing my songs. Nobody asked me to change, not the sound of my voice nor one word of my lyrics nor the Native Indian wisdom that kept unaccountably pouring out of me. The Slovenes opened their hearts and took me in and it was ... wonderful. The 'love' in Slovenia began to work its magic on me, and for the first time in my life, I felt unconditionally accepted and loved for the gift which I had struggled with for so long – my gift of singing and writing. Little wonder that I then wrote:

Slovenia, Slovenia, will always be my home
Slovenia, Slovenia – when I am near you the mountain tops sings to me
When I am near you, it feels like the spring to me
When I am near you, I am never alone ... *(Slovenia Song)*

Not only did the Slovenes love my voice, come to my concerts and allow their tears to flow as something in the vibration of my high vocal sound seemed to touch them deeply ... (They kept saying I sounded like an angel. Me, who had desperately tried all her life to be Janis Joplin! So I just sang higher and clearer and with more love and allowed the sound to flow out through my heart and gently into theirs) ... but they showered me with ... well, everything, truth to tell. Flowers in

bleščečim belim snegom, na številnih trakovih, ki so viseli z vsakega stebla, pa so bile drobcene bele in srebrne zvezde. Bil je tako romantičen, da sem ga obdržala še celo leto po tem dogodku. Rože, doma izdelane sveče in med, kruh in piškoti, vino in žganje, izvezene blazine, slike v vseh mogočih oblikah in velikostih, celotna knjižnica, lesorezi, pobarvano steklo, tradicionalna glasba, košare svežih, slastnih zrelih češenj – skoraj bi lahko odprla spletno trgovino s slovenskimi izdelki! In vse je bilo tako lepo, umetelno, domiselno in prefinjeno zavito, kar je še eden slovenskih talentov. Nekega večera sem celo dobila ogromen hlebec sira, ki sem ga po pojedini s prijatelji po koncertu svečano ponesla na glavi na vrh hriba. Ko sem nekega drugega večera zapela pesem o svoji najljubši solati iz motovilca in regrata, je nekdo na oder prinesel velikansko posodo sveže motovilčeve solate! Z dobrodelnimi koncerti v Sloveniji sicer nisem obogatela, a po njih gotovo nisem ostala lačna! Včasih sem se šalila, da bom predebela za sedež na letalu, ko sem bom vračala domov, hkrati pa sem vzljubila tradicionalno potico ter zavitek iz skute in semen, ki mu pravijo gibanica (to prevajajo kot »gibajoč se kolač«, kar je zelo neprimeren izraz, glede na to, da se po običajni porciji, ki je navadno zajeten kos, najmanj uro sploh ne moreš gibati!). Moja najljubša postaja na poti med Ljubljano in Mariborom je kmalu postala slaščičarna v znameniti gostilni Trojane, kjer sem zvesto kupovala zavitke in krofe, najsi je bilo podnevi ali ponoči. Trojane sem poimenovala »najboljši vonj v Sloveniji«, saj vonj po svežih kolačih slastno lebdi v zraku in čaka, da pozdravi nosnice, takoj ko stopite iz avtomobila!

Ko sem na začetku devetdesetih let prvič obiskala Slovenijo, se spomnim, da mi je Jana povedala, kako si lahko ljudje privoščijo bodisi dobro hrano bodisi lepe obleke, nikakor pa ne obojega. Skupaj sva hodili v trgovino in presenečena sem bila nad praznimi policami in skromno izbiro izdelkov. Opazila sem, da so imele starejše ženske isto barvo las, nekakšen odtenek temne rdeče-vijoličaste barve, in osuplo sem opazovala Jano, ko je kruh kupovala po rezinah in prodajalcu naročala, kako debel krajec naj odreže. »Zakaj bi kupila več, kot bom danes potrebovala?« je dejala, ko sem ji presenečeno govorila, da v Angliji nikakor ne bi smela kupiti tretjino štruce.

Toda z leti so se stvari počasi začele spreminjati, ta zadeva s hrano pa je zame dejansko postala stalna šala. V poznih devetdesetih letih, ko je Vesta Vanell, ta neustavljiva Ljubljančanka, ki je začutila klic, da je zame organizirala stvari v Sloveniji, spoznala, da bi lahko z mojim glasom pela tudi kaj drugega kot le lastno glasbo, in sicer tradicionalne keltske pesmi. V ospredje je prišla moja irska, valižanska in škotska kri, ko sem se nenadoma znašla sredi poletnih koncertov v čudovitih baročnih slovenskih cerkvah ter se z angleško harfistko (njeno ime je bilo res Marigold Verity!) in slovensko profusion, and Slovenes certainly know how to put a bouquet together, the most beautiful one I recall of hundreds of beautiful bouquets over the years being at Christmas after a Peace Meditation concert in a church. It was a huge arrangement of pink roses, frosted over with sparkling white glitter snow, and with tiny white and silver stars on streamers hanging in abundance from every stem, so romantic I kept it for a whole year afterwards. Yes, flowers, home-made candles and honey, bread, and biscuits, wine and schnapps, embroidered cushions, paintings of every shape and size, an entire library of books, wood-carvings, stained glass, traditional music, baskets of fresh, luscious ripe cherries. I could have started an online Slovene shop! And everything so beautifully, artistically, ingeniously and delicately wrapped, another Slovene god-given talent. One night I even got given a massive circular cheese which I carried ceremonially on my head up the hillside afterwards for a post-concert feast with friends, and another night, after I'd performed the song about my favourite Slovene salad, motovilec in regrat (lambs' lettuce and dandelion), someone delivered a huge bowl of fresh lambs' lettuce to the stage! So I might not have made my millions in Slovenia with all the charity concerts I did, but I certainly never went hungry! I used to joke that I would be too large to fit in my plane seat when I flew back home, as I grew to love the traditional nut cake called potica and the cottage cheese and seed strudel-like gibanica (which translates as 'moving cake' - a most inappropriate name if ever I heard one, because if you eat a normal portion of it – usually a generously vast slab – then you can't possibly move for an hour afterwards at least!). And my favourite stopping-off place when travelling the road between Ljubljana and Maribor soon became the cake-shop at the famous Trojane gostilna where we religiously bought strudel and doughnuts at all times of the day and night. I have dubbed Trojane 'the best smell in Slovenia' because the aroma of fresh cake-baking floats deliciously on the air waiting to greet your nostrils as soon as you get out of the car!

When I first went to Slovenia in the early nineties, I remember Jana telling me people could either afford to eat well, or dress well, but not both. I used to go to the supermarket with her and was surprised at how empty the shelves were and what little choice of products there was. I noticed that all the older women seemed to have the same colour hair, a kind of deep red aubergine, and I was amazed when Jana used to buy bread by the slice, indicating to the shop assistant how much to cut off the end of a loaf. 'Why should I buy more than I need for today?' she used to say to me when I expressed my surprise and said we wouldn't possibly be allowed to buy a third of a loaf like that in England.

flavtistko Alenko Zupan selila iz ene vasi v drugo. Ko sem se vrnila v Britanijo, sem z veseljem gledala britansko televizijsko serijo »Oče Ted«, ki govori o dveh katoliških duhovnikih in njuni ekscentrični gospodinji, in spoznala, da sem živela v nekakšni slovenski različici Očeta Teda, saj so nas krajevni duhovniki po skoraj vsakem koncertu vabili na večerjo, pri tem pa ni bilo pomembno, ali smo bili lačni ali ne! To sem imenovala »obvezna večerja«, saj je zame ponazarjala tisto lepo stran Slovencev, ko so radodarno ponudili še zadnjo kapljico vina in drobtinico kruha, samo da bi se počutili kot doma in vam pokazali, kako cenijo vašo družbo. Kolikokrat sem rekla: »Ne, hvala, sita sem.« A so predme z veselim obrazom vseeno položili nov zvrhan krožnik. Nekajkrat so odprli celo blagoslovljeno vino! Toda vse to je zame postalo sestavni del slovenske izkušnje: drobcene cerkvice, polne ljudi, ki so sedeli celo na tleh, neverjetni oltarji s pozlačenimi Marijinimi podobami in svečami in starodavnimi freskami ter večnimi molitvami, vdelanimi v razpokan omet, vrata, ki so se odpirala čudovitim sončnim zahodom, ko smo se zunaj igrali in peli, okoli pa so letale lastovke in ob koncu dneva prhutali netopirji, zven zvonov sredi pesmi, ter vino in prijateljsko razpoloženje v nočnem zraku. V Tunjicah je sv. Ana, kjer je bila hiša duhovnika Pavla vedno polna klepetavih in radoživih ljudi, ki so pili vino, na Brezjah je cerkev s čudovito zlato pomirjujočo energijo, v Šiški v Ljubljani je Plečnikova cerkev, polna čudnih simbolov in svetih likov, v Hrastovljah blizu Kopra je majcena kapela z mračno fresko mrtvaškega plesa, v Cerknici, kjer sta brata Kandare mene in Marigold dvignila na konja, na katerih sva v svojih dolgih, ohlapnih poletnih oblačilih pojezdili proti vrhu hriba do publike, je čudovita mala cerkev Zelše, v Nazarjih je samostan z enkratnim čustvenim zvokom pojočih nun klaris, skritih za zavesami, v Logu so krogi sveč, ki svetlo gorijo v zatemnjeni hladni cerkvi, pri čemer vsak krog predstavlja vaščana, ki je umrl pod zemeljskim plazom v majhni alpski vasici, v kateri sem pela v njihovo čast. Bilo je pa še več takih krajev tišine in navdiha, ki bodo vsi do konca mojega življenja bivali v mojem hvaležnem spominu. Le kako bi lahko med temi koncerti pozabila občutek ljubezni do božje ženske, zlasti ko sem stala pred neverjetnim oltarjem na Ptujski Gori, kjer pod Marijinim znamenitim razširjenim ogrinjalom obrazi resničnih meščanov iščejo zavetje. Takrat se je za mano razgrnilo:

The wings of love are opening – come home
The sacred smile has hope to bring – come home
Come home to the healing heart, the Mother's arms
She'll hold you safe for ever, you'll find peace for ever
Sheltering for ever 'neath Maria's wings of love *(Maria's Wings of Love)*

But over the years, things slowly changed and in fact, the food situation became rather a standing joke for me by the late nineties when Vesta Vanell, the unstoppable Ljubljana woman who experienced a calling to organise me in Slovenia, had a vision of something different for my voice other than my own music: Celtic concerts of the old traditional songs. My Irish, Welsh and Scots ancestry came to the fore as I was suddenly thrown into summer concerts in the beautiful baroque Slovene churches, moving from village to village with an English harpist (yes, her name really was Marigold Verity!) and Slovene flautist Alenka Zupan. Back in the UK, I had gleefully watched the British tv series 'Father Ted' about two catholic priests and their eccentric housekeeper, only to find myself living in a kind of Slovene Father-Ted-land as we were continually invited to partake of Housekeeper Hospitality with the local priest after virtually every church concert, whether we were hungry or not! I took to calling it 'compulsory večerja' (supper) because it illustrated for me that wonderful side of the Slovene people where they will lavish every last drop of wine and bite of bread on you to make you feel at home and show their appreciation. How many times have I said, 'No thank you, I'm full' and another piled plate has been smilingly placed in front of me? Even the blessed wine got cracked open on a couple of occasions! But it all became an integral part of the Slovene experience for me: the tiny little churches packed full with people even sitting on the floor, incredible altars with gilded Marias and candles and ancient frescoes and aeons of prayers embedded into the cracking plasterwork, doors thrown open on to beautiful sunsets outside as we played and sang, swallows swooping, bats flitting as the light went, church bells tolling in the middle of a song, and wine and friendship flowing afterwards on the summer night air. There was Sv. Ana at Tunjice where Pavle the priest's house was always crammed with chattering, wine-drinking, laughing people after, Brezje and its beautiful golden, peaceful energy, the Plečnik church at Ljubljana, full of strange symbols and sacred geometry, the miniscule Hrastovlje chapel near Koper with the macabre Dance of Death fresco, the beautiful little Zelše church at Cerknica where the Kandare brothers hoisted Marigold and I up onto their horses in our long, flowing summer stage dresses and rode us up the hill to the waiting audience, the convent at Nazarje with the wonderful soulful sound of the singing Klarisse Nuns hidden away behind curtains, the circles of candles burning bright in a darkened winter-cold church, each circle representing a villager who died in the mudslide at the tiny

Tako sem se zaljubila v Slovenijo in na nek čuden način se mi je zdelo, da se je del Slovenije zaljubil vame. Toda tudi potem, ko je preteklo prvih nekaj let, je na moji novi »ljubici« ostalo še toliko neodkritega. Sem že omenila jame? Toda pred tem ne smem pozabiti dvorcem podobnih in ponosnih gradov, od katerih so bili nekateri veličastno obnovljeni, drugi so se še komajda držali pri življenju in čemerno čakali sredstva za obnovo, spet v drugih pa so bile še vedno psihiatrične bolnišnice iz komunističnih časov. Kljub temu so vsi oddajali vonj po zgodovini in občutku priložnosti. Eden mojih najljubših je Predjamski grad, ki je vkopan v živo skalo, dodaten čar pa prida legenda o koncu obleganja pred davnimi stoletji, ko so obleganega grofa topovski streli odnesli s stranišča v zunanjem zidu! Verjetno se je spraševal, kaj je imel tisti dan za kosilo …

Kot sem že dejala, je v Sloveniji tudi nekaj čudovitih jam, ki jih lahko obiščete, med njimi ogromna Postojnska jama s številnimi kapniškimi dvoranami in nekoliko manjša Križna jama, ki mi jo je prijatelj Martin, sicer usposobljeni vodič, nekega poletnega dne, ko je bila jama zaprta za javnost, zasebno razkazal. V vodi živijo čudna rožnata bitja, podobna pupkom, in vsaj tri ure sva popolnoma sama prebila v notranjosti jame in njenega vodnega sistema, globoko pod zemljo, kjer sva v popolni temi in hoteni tišini sedela v majhnem čolnu, poslušajoč šepetanje glasov. Ponovno sem se spomnila na ta starodavni vidik Slovenije, na duha neokrnjene zemlje, čisto vodo, povezanost s svetimi in edinstvenimi kraji. Vprašajte katerega koli Slovenca, kje je lokalni zdravilni gaj, in povedal vam bo. Preprosto se odpravite do tistega travnika in stojte tam, vam bodo dejali, ali sledite potoku do izvira, ali lezite pod tista drevesa, ali pojdite v kot tiste cerkve, ali sedite na tiste skale in zaprite oči. Slovenci poznajo svojo deželo in to, da jo častijo in ji zaupajo, je zame še toliko lepše. Samo prisluhnite enemu od teh tihih krajev, pravijo, in slišali boste, kako vam zemlja pripoveduje. V Sloveniji ima zemlja še veliko povedati.

Slovenci so poznani tudi po njihovih narodnih pesmih in imajo, tako kot Valižani, izjemno zborovsko tradicijo. Vendar pa Slovenci ne pojejo samo v moških zasedbah, temveč tudi v mešanih zborih, pevci pa so lahko tako mladi kot stari. Slovence boste slišali peti ob vsaki priložnosti, nič pa ne bo nenavadnega, če bo skupina Slovencev na vrhu gore (kamor so odšli na peturni krajši sprehod pred kosilom) nenadoma začela peti v popolnem štiriglasju ali med hojo izvajati priredbe krajevnih narodnih pesmi. Najtežje pa jih je ustaviti, zlasti če so prej spili kakšen kozarec vina ali

Alpine village of Log as I sang in their honour, and many many more places of tranquillity and inspiration, all of which will live on in my thankful memory for the rest of my life. How could I forget the feeling of love for the Divine Feminine during those concerts when I stood in front of the incredible altar at Ptujska Gora, Maria's famous outstretched winged cloak with the faces of real local burghers sheltering beneath it spread behind me:

The wings of love are opening – come home
The sacred smile has hope to bring – come home
Come home to the healing heart, the Mother's arms
She'll hold you safe for ever, you'll find peace for ever
Sheltering for ever 'neath Maria's wings of love *(Maria's Wings of Love)*

So I fell in love with Slovenia, and in a strange way, part of Slovenia seemed to fall in love with me. But even as the years went by, there was still so much of my new 'lover' to see and explore. Have I mentioned the caves? But first of all, don't forget the castles, chateau-like and proud, some gloriously renovated, some hanging on for dear life, grimly awaiting funds, others still housing mental institutions from the communist times, but all reeking with history and a sense of occasion. One of my favourites is Predjama Castle, built into the solid rock wall, with the added fabled attraction of the siege there being broken many centuries back when the occupying count was blown off his toilet in the outer wall by cannon fire! He must have wondered what he'd eaten for lunch that day ...

And yes, there are some glorious caves you can visit in Slovenia too, from the vastness of Postojna with its cavernous halls of stalactites and stalagmites, to the smaller Križna jama which my friend Martin, a trained guide, took me privately into one summer's day when the caves were closed to the public. There are strange pink newt-like creatures living in the water, and we were at least three hours deep inside the cave and water system completely alone, way under the earth, sitting in complete darkness in intentional silence on a tiny boat, when we both heard voices whispering. It was that ancient aspect of Slovenia again, the spirit of the unspoiled earth, the pure water, the connection to sacred and special places. Ask any Slovene where the local healing 'gaj' (spot) is, and they'll tell you. Just go and stand up in that meadow, they'll say, or follow the stream up to the source of the spring, or lie under those trees, or in the corner of that church over there, or sit on

borovničevca in če kdo omeni čarobno besedo »Triglav« (to je najvišja slovenska gora, ki je simbolično upodobljena na nacionalni zastavi. Pravijo, da nisi pravi Slovenec, dokler ne greš na Triglav.) Toda kdo bi si sploh želel ustaviti petje, ko pa njihovi glasovi izražajo toliko tradicije, zgodb in zgodovine? Slovenci obožujejo tudi ples – poskočne polke in tradicionalne valčke – pleše pa lahko praktično vsak. To imajo v nogah, tako kot hojo v hribe. Spomnim se, ko so me nekega večera po dobrodelnem koncertu, na katerem so zbirali denar za novo cerkev, povabili na »obvezno večerjo«. Sedli smo h gurmanskemu obroku, sestavljenemu iz petih vegetarijanskih jedi, ki je trajal do zgodnjih jutranjih ur. V isti restavraciji so božič praznovali krajevni policisti in se skupaj s soplesalci do onemoglosti vrteli na plesišču, mi pa smo počasi žvečili jed za jedjo. Zame je bilo utrujajoče že samo to, da sem jih opazovala, kako so krog za krogom plesali polko, se smejali in prepevali, hkrati pa sem razmišljala, kako čudovito uživajo in tako sproščajo napetost in stres. Plesoči policisti! V Angliji že ne bi ujeli krajevnih policistov pri plesanju polke, kar je škoda, saj se mi zdi, da Slovencem njihova kultura nudi boljše življenje.

V Sloveniji vam ne bo nikoli manjkalo kulturnih doživetij. Na voljo je vse mogoče: od glasbenih festivalov (Festival Lent v Mariboru je že sam po sebi maratonski, obvezno pa si je treba ogledati tudi plesni prikaz bajeslovnega obreda kurentov – pomladnih bitij z zvonci, rogovi, dolgodlakimi kožami) do opere, klasične, džezovske, sodobne, gledališke in plesne umetnosti ter krajevnih praznovanj v številnih mestih. Ena mojih najljubših izkušenj je Kristusov pasijon, ki so ga izvedli v srednjeveškemu slogu na vozovih in v sprevodih, pomikajočih se skozi očarljivo staro jedro Škofje Loke. Poleg tega je v Žužemberku tradicionalno letno praznovanje, na katerem sem nekajkrat pela. Takrat se celo mesto obleče v čudovite stare kostume in v gradu skozi ves konec tedna pripravlja slikovite dogodke. V Sloveniji pripravljajo tudi neštete razstave (na otvoritvah sem sama pogosto pela) slik, kipov, fotografij, izvirne poezije, ki jih pripravljajo v številnih čudnih, a osupljivih krajih, kot so grajski zidovi razvalin v Braniku, ko ogromne bakle razsvetljujejo nočni zrak, ali stari stolp v starodavnem kraškem mestecu Štanjelu. O Štanjelu sem napisala pesem, in sicer ko sem ga obiskala in nato živo sanjala o preteklosti, dojenčku, zibelki ... in o čudovitem moškem z vranje črnimi lasmi in temnimi očmi.

those rocks and close your eyes. They know their land, and they honour and trust their land and that makes it all even the more beautiful to me. Just listen in one of the quiet places, as they tell you, and you will hear the earth speak. The earth still has a lot to say in Slovenia.

The Slovenes also know their folk songs and rather like the Welsh, have a great choral tradition, although Slovene choirs are not only male voice but mixed voice and mixed ages too. You'll hear them singing on any and every occasion and it's not uncommon for a group of Slovenes out walking (just for the five hour pre-lunch stroll, you understand) to burst into perfect four-part harmony on top of a mountain or give a half-hour rendition of the local folk songs as they walk. Trying to stop them is the main thing really, especially after a glass of wine or borovničevec blueberry liqueur when someone mentions the magical word 'Triglav' (the highest peak in Slovenia and emblematically included in the national flag. You're not really a true Slovene, they tell me, until you've climbed Triglav). Although who would want to stop them singing, with all that tradition and story-telling and history ringing through their voices? Slovenes love to dance as well, jolly polkas and traditional waltzes and pretty much everyone can do it. It's in their legs, like the mountain-climbing. I remember being invited out for Compulsory večerja one evening, after a charity concert to raise money for a new church. We sat down to a gourmet five-course vegetarian meal which lasted into the small hours of the following morning. Meanwhile, the local police were having their Christmas party in the same restaurant and danced themselves and their partners into the ground as we slowly munched our way through plate after plate. I was exhausted just watching them polka round, circle after circle, laughing and singing, but at the same time, I thought it was wonderful, because they were enjoying themselves so much and releasing a lot of tension and stress in the process . Dancing policemen! You wouldn't catch the local police in England doing the polka, and more's the pity, really, as I feel the Slovenes have more quality of life with their culture.

So you will never be short of cultural experiences while in Slovenia, from music festivals (the Lent Festival in Maribor is a marathon in itself, and the dance display of mythical kurent rite of spring creatures with bells, horns and long-haired skins has to be seen) to opera and classical, jazz, contemporary, theatre, dance – it's all there for the taking, together with local celebrations in many towns. One of my favourite experiences has to be The Passion of Christ, which was performed in a mediaeval style on carts and processions that paraded around the lovely old town of Škofja Loka. And then there's the traditional annual festivity in Žužemberk where I've sung on a couple of occasions, and pretty much the entire town dresses up in wonderful old costume to host a colourful

The cradle rocks – she smiles and sings
A čuk cries out on silent wings
And stone walls echo with the past
The fathers and the sons of the Karst
I'll drink with you at love's sweet well again, sweetheart
In old Štanjel ... *(Old Štanjel)*

Komaj čakam, da ponovno srečam tega moškega s temi očmi in nasmehom!

Dobro pa bi bilo srečati še enega Slovenca. Našli ga boste neposredno pred staro frančiškansko cerkvijo v Ljubljani, sredi Prešernovega trga, ki se po njem tudi imenuje. Če utegnete, preberite katerega od del Franceta Prešerna, velikega slovenskega pesnika, katerega poživljajoče besede so ovekovečene v slovenski himni Zdravljica. Če pozorno pogledate in sledite pogledu mogočnega Prešernovega spomenika na Prešernovem trgu, boste opazili njegovo poželenje do mladenke, postavljene ob vrhnjem oknu v bližini. To je Julija, njegova neuslišana ljubezen, ki je navdihnila toliko njegovih pesmi. Navdihnila pa sta tudi mene:

The pink Franciscan church shines in the sun
While Prešeren still gazes at Julija
Eternally trapped in his poet's romance
Though she'll never see him, she can't ever flee him,
She won't even give him a glance ... *(Green Dragon / Zeleni Zmaj)*

Toda na srečo nesrečnih ljubimcev sta oba »večno ujeta« na lepem kraju, od koder imata razgled na Plečnikovo tromostovje in Ljubljanico, za tiste, ki smo še na tem planetu, pa so na voljo čudovite restavracije in kavarne na prostem ter slikovita tržnica v bližini, staro mestno jedro in mogočen bližnji grad. Ob nedeljah zjutraj je neverjetno zanimivo obiskati tudi bolšji trg, ko na obeh straneh Ljubljanice postavijo številne stojnice. Tam je mogoče najti vse od zbirateljskih predmetov z Miki Miško do vojaških ostankov iz stare Jugoslavije in obledelih fotografij Tita v vsej njegovi slavi, ob njih pa so postavljene tradicionalne ročne čipke in fine vezenine ali prgišče tolarjev, weekend of events in the castle there. Slovenia is also home to countless exhibitions, and I'm often invited to sing at opening nights, from paintings to sculptures, photographs and original pottery, all in a variety of weird and wonderful places like the battlements of a ruined castle at Branik with big flaming torches lighting the night air, to an old tower in the ancient stone Karst town of Štanjel. I wrote a song about Štanjel, actually, after I'd visited there and had a really vivid dream of a past life, a baby, a cradle ... and a gorgeous man with long jet-black hair and dark eyes.

The cradle rocks – she smiles and sings
A čuk cries out on silent wings
And stone walls echo with the past
The fathers and the sons of the Karst
I'll drink with you at love's sweet well again, sweetheart
In old Štanjel ... *(Old Štanjel)*

Can't wait to meet him again in this life, with those eyes and that smile!

There's another Slovene you should meet too, and you'll find him standing right in front of the old Franciscan church in Ljubljana, in the middle of Prešeren trg - the square that is named after him. If you have a moment, do read some of the works of France Prešeren, the great Slovene national poet whose uplifting words are immortalised in the Slovene national anthem, 'Zdravljica'. If you look carefully and follow the gaze of Prešeren's towering statue in Prešeren Square, you will see he is intent upon a young lady lodged in a nearby upper window – his unrequited love, Julija, who inspired so many of his poems. The two of them inspired me, too:

The pink Franciscan church shines in the sun
While Prešeren still gazes at Julija
Eternally trapped in his poet's romance
Though she'll never see him, she can't ever flee him,
She won't even give him a glance ... *(Green Dragon / Zeleni Zmaj)*

But fortunately for the two star-crossed lovers, they are 'eternally trapped' in a rather beautiful spot overlooking Plečnik's Three Bridges and the Ljubljanica river - with wonderful al fresco restaurants

nekdanje slovenske valute, ki zdaj hitro postaja spomin na dni neodvisnosti pred vstopom v Evropsko unijo.

Slovenija je zame resnično način življenja, ki se ti ne le priljubi, temveč se v tebi tudi razvija. Všeč mi je, kako se Slovenci pogosto lotevajo vseh mogočih reči. Če se peljete skozi vas, boste videli celo skupnost na nekogaršnji strehi, ko sosedom brez pomislekov pomaga menjati kritino. Toda pazite, moški imajo tudi nekatere običaje, ki so za Angležinjo, kot sem sama, dokaj nenavadni. Najnenavadnejši od teh je gotovo lov na polhe. Kdo bi sploh želel loviti polhe? Fantje, temu bi težko rekli športna igra. V drevesne krošnje namreč namestijo pasti, ki jim je primešano žganje. Živo sem si predstavljala podobo bližajočega se polha, kako izprazni velik kozarec žganja in pijan elegantno pade z drevesa v odprta usta možatega lovca, smrčečega pod drevesom. No, obstajajo pa tudi pravi lovci. Ko sem se namreč odločila, da bom v Sloveniji poskusila na indijanski način poiskati življenjsko vizijo (sama bi v gozdu brez hrane in vode prebila tri dni in noči), sem jim želela zastaviti kar nekaj vprašanj o ..., no, seveda, o medvedih! Ali jedo ljudi? Ali so že kdaj pojedli

koga, ki je iskal življenjsko vizijo? Ali naj pozdravim medveda, če se ta pojavi med iskanjem vizije, jaz pa ne smem prestopiti molitvenega kroga, ali je bolje preprosto molčati in upati, da bo odšel? Lovec, ki sem ga vneto spraševala o teh perečih temah, je bil zelo jasen in mi je povedal, da medvedi navadno napadejo le, če imajo mladiče ali se čutijo ogrožene, najbolje pa je, da ne bežim. Torej drži, v teh gozdovih so medvedi, poleg njih pa še kup drugih živali. Slovenske divje živali živijo in lepo uspevajo ter jih je čudovito opazovati. Zgodaj zvečer ob mraku boste pogosto videli jelenjad, prav tako pa se zdi, da so sokoli, kanje in orli na vsakem visokem drogu, ki je na voljo. Ponekod v Sloveniji imajo tudi štorklje, ki si neurejena gnezda iz paličic postavijo na tako nemogočih in nevarnih mestih, da bi se glede na gravitacijske zakone morala vsak trenutek prevrniti, a ostajajo – verjeli ali ne – celo na vrhu telegrafskih drogov. V gozdovih so tudi divje svinje, divje koze in divje mačke. Vse vrste divjih živali in veliko kač. In medvedi? No, zaenkrat lahko z olajšanjem rečem, da sem videla samo medvedje sledi v snegu. Mogoče bom videla medvede med naslednjim iskanjem vizije ...

Omeniti moram še morje. Slovenija ima le majhen del obale. Res se ne zdi pravično, če si drznem reči, da imata Hrvaška in Italija toliko obale proti jugu oziroma severu. Toda Slovenci uživajo v svojem morju, zlasti pa imajo radi staro obmorsko mesto and coffee bars for those of us who are still here on the planet to experience, plus the colourful nearby market full of country goods, the old town and the towering castle nearby. It's fascinating too on a Sunday morning to visit the flea market with countless stalls perched either side of the flowing Ljubljanica. You can find anything there from Mickey Mouse Disney memorabilia to military relics of Old Yugoslavia and fading photographs of Tito in all his glory, side by side with traditional hand-made lace and delicately-stitched samplers, or handfuls of tolars, the former Slovene currency now fast becoming a memory of the pre-European Union days of independence.

Yes, for me, Slovenia is a way of life that not only grows on you, but in you. I love the way the Slovenes will turn their hand to anything, and frequently do. You'll drive through a village and see the entire community of menfolk up on someone's roof, helping their neighbours to retile, without a second thought. Mind you, the men have some odd customs too, at least, to an Englishwoman like me. The oddest surely has to be hunting dormice. Who would want to hunt a dormouse? It's hardly sporting odds, lads. Apparently they put traps up in the trees laced with schnapps. I had this wild visual image of approaching dormouse downing large glass of schnapps and gracefully falling drunk out of the tree into the open mouth of manly snoring hunter down below. But there are some real hunters too, because when I chose to do my Native Indian Vision Quest in Slovenia (three days and nights without food and water alone in the woods), I did have a few questions I wanted to ask about ... well, yes, about the bears! Did they eat people? Did they eat people on Vision Quests? If you were on a Vision Quest and a bear turned up, given that you're not allowed to step outside your circle of prayers, should you say hello to the bear? Or just keep quiet and hope it goes away? The hunter I gingerly questioned on these pressing topics was very matter of fact and said bears only usually attacked when they had cubs or felt threatened, and the best thing was not to run. So yes, there are bears in them thar woods and a good many other animals as well. Slovene wildlife is alive and thriving and glorious to behold. You will often see deer at early evening as twilight comes on, and there seem to be hawks, buzzards and eagles on every available high post. In parts of Slovenia there are stork too, perched crazily and precariously in untidy nests of sticks that gravity must surely predict will topple over in the next moment, balanced as they are on top of telegraph poles, would you believe. There are wild pigs in the woods as well,

Piran z njegovimi opečnatimi strehami in vabljivimi restavracijami z morsko hrano. Številne sončne popoldneve sem prebila med kopanjem in plavanjem v tisti čudoviti vodi, toda burja lahko brez dvoma povzroči pravo nevihto tako poleti kot pozimi. Slovenci resnično uživajo v čolnih. Če že niso ravno na morju, je za neustrašne iskalce dogodivščin na voljo dovolj brzic za rafting ali tekmovanj v veslanju na jezerih. Ko že govorim o navalu adrenalina, moram omeniti še smučanje. Sama sicer ne smučam, vendar je v Sloveniji nekaj čudovitih smučišč in prizorišč za smučarske skoke. Zdi se, da sta Slovencem smučanje in veselje do višin položena že v zibelko, podobno kot hoja v hribe.

Na koncu naj omenim še eno najboljših stvari, in sicer vino. Slovenija ne proizvaja velikih količin, toda tisto, kar proizvede, je navadno zelo kakovostno. Preprosto obožujem slovenska vina. O njihovi čistosti priča dejstvo, da po pitju slovenskega vina še nikoli nisem imela mačka, tudi po lagodnih obhodih krajevnih vinogradov, na katerih sem pokušala vse po vrsti, na koncu pa se v enem primeru nemočno hahljala ob velikem sodu, medtem ko je prijatelj neprizanesljivo snemal mojo pohlevno nebogljenost. Toda v vinu je resnica in nisem se mogla nehati smejati, kar pove nekaj o meni in čudoviti kakovosti slovenskega vina. Naučila sem se uživati v okusu temnordečega terana z bogatim okusom po zemlji, ki ga pridelujejo proti zahodu Slovenije na Krasu. Teran slovi kot močan zdravilni napitek, ki je dober za srce. Toda pazite se likerjev, zlasti domačega žganja (zdi se, da se vedno pojavi na mizi, ko vstopiš skozi vhodna vrata, ne glede na to, koliko je ura) ali borovničevca, ki je naravnost ubijalski! Prijatelj kupuje borovničevec na vrče na lokalni tržnici v Zrečah in ga nato v nahrbtniku radostno nosi nazaj v Anglijo, kjer je z njim poživil že marsikateri večer prepevanja narodnih pesmi v Lake Districtu!

Moje ljubezensko razmerje s to čudovito deželo se nadaljuje tudi v trenutku, ko pišem te besede. Zdaj, ko sem že starejša, je razmerje morda nekoliko manj intenzivno, vendar vseeno predstavlja trajno vez. Drži namreč, da sem v Sloveniji doživela nekaj najlepših trenutkov v zadnjih štirinajstih letih svojega življenja. Pravzaprav ni besed, s katerimi bi izrazila vse, kar sem doživela in izkusila v tem obdobju. Naj samo povem, da je bila to izjemna dogodivščina in potovanje po deželi, katere neokrnjena lepota me še naprej navdihuje in mi z njeno spokojnostjo, mirnostjo in prijateljstvom ostaja v srcu. Doživela sem solze, smeh, uspehe, neuspehe, gostije in lakoto, pozdrave in slovesa wild goats, wild cats. Wild everything and lots of snakes. And the bears? Well, so far, I'm almost relieved to say I've only seen bear tracks in the snow. Maybe on the next vision quest …

Then there's the sea. Slovenia only has a small section of coastline. It doesn't seem fair really, when dare I say it, Croatia has so much to the south and Italy to the north. But the Slovenes enjoy their seaside and I particularly love the old town of Piran, nestled right down to the water's edge with its terra cotta roofs and tempting array of seafood restaurants. I've spent many a sunny afternoon bathing and swimming in beautiful waters, but the burja wind can certainly blow up a storm in both summer and winter. Slovenes really enjoy messing about in boats, and if they're not down at the coast, then there's plenty of white water rafting on offer on the rivers for the brave adrenalin-seekers, or competitive rowing out on the lakes. And talking of adrenalin rushes, I must mention the skiing. I'm not a skier myself but there are some wonderful slopes and ski-jumping venues and a bit like the mountain-climbing, Slovenes seem to be born with ski-legs and a head for heights.

Oh yes, and leaving one of the best things to last … I have to mention the wine! Slovenia doesn't produce large quantities but what it does produce is of a very high quality to an almost organic standard. I just love Slovene wines. I think it must be a testament to their purity that I have never had a hangover after drinking Slovene wine, even after a couple of leisurely guided tours around local vineyards sampling everything in sight and ending up giggling helplessly over a large barrel on one occasion while my friend mercilessly video'd my indulgent incapability. But there you are, in vino veritas and I couldn't stop laughing, which says something both about me and the delightful quality of Slovene wine. I have learned to enjoy the taste of the dark red rich earthy teran, produced over towards the west in the karst area, with its reputation for being a strong medicinal tonic, good for the heart. Watch out for the liqueurs though, especially home-made schnapps (it tends to appear on the table as you walk in through the front door, regardless of time of day) or the blueberry-based borovničevec which is lethal! My friend buys the latter in jars in the local market at Zreče and then carries it gleefully back to England in his rucksack where I understand it has enlivened many a folk song evening in the Lake District!

And so my love affair with this wonderful country continues even as I write these words. Maybe it's slowed down a little now that I'm

ter neštete objeme in stiske rok številnih prijateljev in podpornikov, ki sem jih srečala na svojem veselem popotovanju po Sloveniji. Škrlatni sončni zahodi in zlati vzhodi, mogočni zasneženi vrhovi in bujne zelene doline, vonji in cvetovi ter bleščeče čista voda. In vedno glasba ter petje, cvetje in sadje, domače vino in deljenje vsega, kar je trenutno na voljo. Nikoli prej se nisem počutila tako zelo dobrodošlo, tako zelo »doma«, tako zelo tako, kot sem. Ne verjamete? Pridite in se prepričajte na lastne oči. To je pravzaprav edini način. Pravkar sem napisala pesem, s katero slavim mesto Ljubljana, katere simbol je zmaj. Zmajski most, ki se blizu starega jedra razteza čez Ljubljanico, čuvajo štirje zeleni zmaji. Zato sem napisala:

Zeleni Zmaj, together we fly high in the Ljubljana sky
Zeleni Zmaj, fly, dragon, fly ... through the city of Love ...

Toda veste, to ni le mesto ljubezni. To je dežela ljubezni. Kot sem zapisala že na začetku knjige, v življenju dejansko ni naključij. Prav tako ni naključje, kako se zapiše ime tega dragocenega malega bisera. ... sLOVEnija ...

Čaj and potica, pršut and Teran
Pure wines from the whole of Slovenia
Climb nebotičnik and drink in the view
Music and singing, Ljubljana is ringing alive, spirit winging
Green dragons are bringing me home.... *(Zeleni Zmaj / Green Dragon)*

getting older but it's a bond that will never break, because the truth is, I owe Slovenia some of the best moments of the past fourteen years of my life. The words don't actually exist for me to express everything I have been through and experienced over those fourteen years. Suffice it to say, it has been an amazing adventure and journey through a country whose unspoiled beauty continues to inspire me and touch my heart with peace and tranquillity and friendship. There have been tears, laughter, successes, failures, feasts and famines, hellos and goodbyes, and endless endless hugs and handshakes from the countless friends and supporters I have met with on my Slovene merry-go-round. Crimson sunsets and golden sunrises, towering snow-capped peaks and green luscious valleys, fragrance and blossom and sparkling clear water. And always the music and the singing, the flowers and the fruit and the home-made wine and the Slovene sharing of whatever there is in that moment. I have never felt so truly welcome, so truly 'at home', so one hundred per cent me. You don't believe me? Well, come and see for yourself. It's the only way really. I've just written a song to celebrate the wonderful city of Ljubljana, whose mascot is the dragon. You can find four green dragons guarding the Zmajski most (Dragon bridge) across the Ljubljanica near the old town:

Zeleni Zmaj, together we fly high in the Ljubljana sky
Zeleni Zmaj, fly, dragon, fly … through the city of Love …

But you know, it's not just the city of Love. It's the country of Love. As I said at the beginning of this book, there are never really any coincidences in life and it's no coincidence the way the name of this precious little gem of a country is spelled … sLOVEnia …

Čaj and potica, pršut and teran
Pure wines from the whole of Slovenia
Climb nebotičnik and drink in the view
Music and singing, Ljubljana is ringing alive, spirit winging
Green dragons are bringing me home … *(Zeleni Zmaj / Green Dragon)*

Zmajski most Dragon Bridge

Green Dragon

Green Dragon · Zeleni zmaj

Zeleni zmaj

THERE'S A GREEN DRAGON SMILING AT ME

GUARDING THE BRIDGE ON THE RIVER

AS THE LJUBLJANICA DANCES BELOW

WHILE THE STUDENTS, THEY CHATTER AND LAUGH AS THEY FLOW

TO THE BARS AND THE CAFES CAUGHT UP IN THE GLOW OF THE DAY

THE PINK FRANCISKAN CHURCH SHINES IN THE SUN

WHILE PREŠEREN STILL GAZES AT JULIJA

ETERNALLY TRAPPED IN HIS POET'S ROMANCE

THOUGH SHE'LL NEVER SEE HIM, SHE CAN'T EVER FLEE HIM

SHE WON'T EVEN GIVE HIM A GLANCE

AI, AI, AI, AI, ZELENI ZMAJ, TOGETHER WE FLY

HIGH IN THE LUBLJANA SKY

ZELENI ZMAJ, FLY DRAGON FLY ... THROUGH THE CITY OF LOVE

MISTY MORNING ON TIVOLI PARK

PINK SOFTNESS SURROUNDING THE CITY

WHILE DOWN AT THE MARKET THE COUNTRY FOLK SMILE

WITH THEIR WEATHER-CREASED FACES AND COLOUR-FILLED CASES

FRESH HAND-PICKED THE ACES OF VEGETABLES, FLOWERS AND FRUIT

CROSS THREE BRIDGES AND LEAVE THE OLD TOWN

RAISING YOUR EYES TO THE RAFTERS

WHERE PATTERN AND COLOUR MEET ART AND DESIGN

THE NEW OLD TRADITION, PURE CLASSICAL MISSION

AND PLEČNIK'S GRAND VISION ALL STAND AND DELIVER IN STYLE

AI, AI, AI, AI, ZELENI ZMAJ, TOGETHER WE FLY

HIGH IN THE LUBLJANA SKY

ZELENI ZMAJ, FLY DRAGON FLY ... THROUGH THE CITY OF LOVE

FOLLOW THE COBBLES AND HOUSES PILED HIGH

WINDING A PATH TO THE CASTLE

DARK SILENT SENTINEL TOWERS AT NIGHT

SURROUNDED BY TREES FILLED WITH STAR-TWINKLING LIGHT

THE AROMA OF FRIENDSHIP AND SONG TO DELIGHT ON THE AIR

ČAJ AND POTICA, PRŠUT AND TERAN

PURE WINES FROM THE WHOLE OF SLOVENIJA

CLIMB NEBOTIČNIK AND DRINK IN THE VIEW

MUSIC AND SINGING, LJUBLJANA IS RINGING ALIVE, SPIRIT WINGING

GREEN DRAGONS ARE BRINGING ME HOME ...

AI, AI, AI, AI, ZELENI ZMAJ, TOGETHER WE FLY ETC.

🌿 Stavba Ljudske posojilnice People's Savings Bank

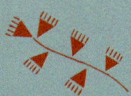

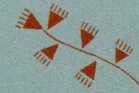

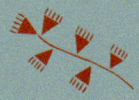

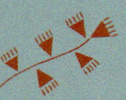

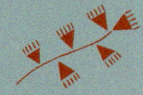

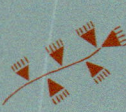

Robbov vodnjak

Robba fountain

The Vanishing Lake

The Vanishing Lake   Cerkniško jezero

Cerkniško jezero

SILVER MOON LIGHTS THE VANISHING LAKE

AND THE MOUNTAINS BREATHE WHITE MIST

AND VILLAGES ARE DEEP IN SLUMBER

PEACEFULLY DREAM-KISSED

LIKE SEEDS WITHIN THE HAND OF GOD

WE'RE HELD WITH LOVING CARE

AS THE MOMENT OF SURRENDER WHISPERS ON THE MIDNIGHT AIR

OH, OH, I AM VANISHING WITHIN

AND IN MY DISAPPEARING LIES THE PLACE WHERE I BEGIN

THE SHADOWS IN THE MOONLIGHT ARE THE SHADOWS OF MY SOUL

THE PURE WHITE LIGHT OF BEING BURNS A PATH TO PAY EACH TOLL

SEE, THE SWALLOW HOLES LIE EMPTY

LIKE THE CRATERS OF THE MOON

BUT THE SPRING OF LIFE WILL SING AGAIN

AND DANCE ME TO ITS TUNE

OH, OH, I AM VANISHING WITHIN

AND IN MY DISAPPEARING LIES THE PLACE WHERE I BEGIN

AND I LOVE THE LAKE WITHIN ME, AND I LOVE THE EMPTY EARTH

AND I LOVE THE WHIRLING POOL OF JOY

THAT BUBBLES ME WITH MIRTH

AND I LOVE THE SILVER MOONTIME WITH ITS SILENT EBB AND FLOW

IN THE WATERS OF ETERNITY, WE ARE THE AFTERGLOW

IN THE WATERS OF ETERNITY, WE ARE THE AFTERGLOW

OH, OH I AM VANISHING WITHIN

AND IN MY DISAPPEARING IS THE PLACE WHERE I BEGIN

❧⊱⊱ Cerkniško jezero Lake Cerknica

Motovilec in regrat

Lamb's Lettuce and Dandelion

Motovilec in regrat ✳ Lamb's Lettuce and Dandelion

WE'RE A TRAVELLING CIRCUS, A COMEDY ACT
GOT THE WHOLE WORLD IN A VAN
WITH INFLATABLE CUSHIONS AND PILLOWS HIJACKED
NOW ALL WE NEED IS A MAN!
WE DRIVE ON THROUGH THE SUNSHINE
THE WIND AND THE RAIN
BUT SUDDENLY I'VE GOT THAT FEELING AGAIN ...

MOTOVILEC IN REGRAT IN KOPRIVA
ČESEN, ČEBULA IN ČAJ
PARADIŽNIK IN PESA IN PAPRIKA
NE VEM KJE IN KDAJ ... SANJARIM VČERAJ

WE'VE GOT MUSIC AND MUSIC STANDS, HARP AND GUITAR
LAP-TOP COMPUTER AND LIGHTS
INCENSE AND CRYSTALS AND CREAMS BY THE JAR
PETTICOATS, CANDLES AND TIGHTS
'AURA' AND SPRINGWATER, HAIR-CURLING TONGS
BUT SOMEHOW I'M DISHING THIS UP WITH MY SONGS ...

MOTOVILEC IN REGRAT IN KOPRIVA
ČESEN, ČEBULA IN ČAJ
PARADIŽNIK IN PESA IN PAPRIKA
NE VEM KJE IN KDAJ ... SANJARIM VČERAJ

ZELENA SOLATA, OH WHERE ARE YOU NOW?
MY STOMACH IS RUMBLING AS LOUD AS A COW ...

THEN IT'S BACK ON THE ROAD, UP THE VALLEYS, DOWN HILLS
WE'RE CRAMMED BETWEEN FLOWERS, BRIGHT-RED
AND VESTA IS FEEDING ME VITAMIN PILLS
WITH A STUFFED TOY CAT ON HER HEAD
WE'RE A GAGGLE OF GYPIES IN MUSICAL HASTE
BUT WHY OH WHY CAN'T I FORGET THE SWEET TASTE ...

MOTOVILEC IN REGRAT IN KOPRIVA
ČESEN, ČEBULA IN ČAJ
PARADIŽNIK IN PESA IN PAPRIKA
NE VEM KJE IN KDAJ ... SANJARIM VČERAJ

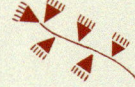

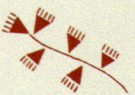

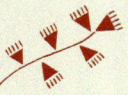

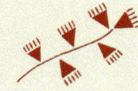

Mountain Meditation

Mountain Meditation ❦ Gorska meditacija

Gorska meditacija

SPEAK, SPEAK OF DREAMS

MISTY GREEN AGAINST THE BLUE

I AM MY DREAMS

THE LIVING WORLD WITHIN MY VIEW

I SEE MINIATURE PEOPLE LIKE ANTS DOWN BELOW

LET IT GO, LET IT ALL GO

AND I FLY FREELY TO THE VALLEY WHERE YOU LIVE

I SEND THE SUNLIGHT TO YOUR SOUL

I BREATHE THE BREATH OF LIFE

TO HEAL YOU ON THE BREEZE

IN SOLITUDE, THE MOUNTAINS BRING ME PEACE

MY MOUNTAIN MEDITATION

THE WIND COOLS MY SKIN

LIPS ARE BURNED IN THE SUN

MY EYES CAN SEE ETERNITY

WHERE CLOCKWORK CARS WHIRR AND RUN

AND THE EARTH IS A PAINTING

EMBROIDERED WITH GOLD

TO BEHOLD, AND BEHOLD

AND I FLY FREELY TO THE VALLEY WHERE YOU LIVE

I SEND THE SUNLIGHT TO YOUR SOUL

I BREATHE THE BREATH OF LIFE

TO HEAL YOU ON THE BREEZE

IN SOLITUDE, THE MOUNTAINS BRING ME PEACE

MY MOUNTAIN MEDITATION

Mangrt, Jalovec

Mt Mangrt, Mt Jalovec

Bled

Kaninski podi The Kaninski podi plateau

Studor

Planina Zapotok **The Zapotok alp**

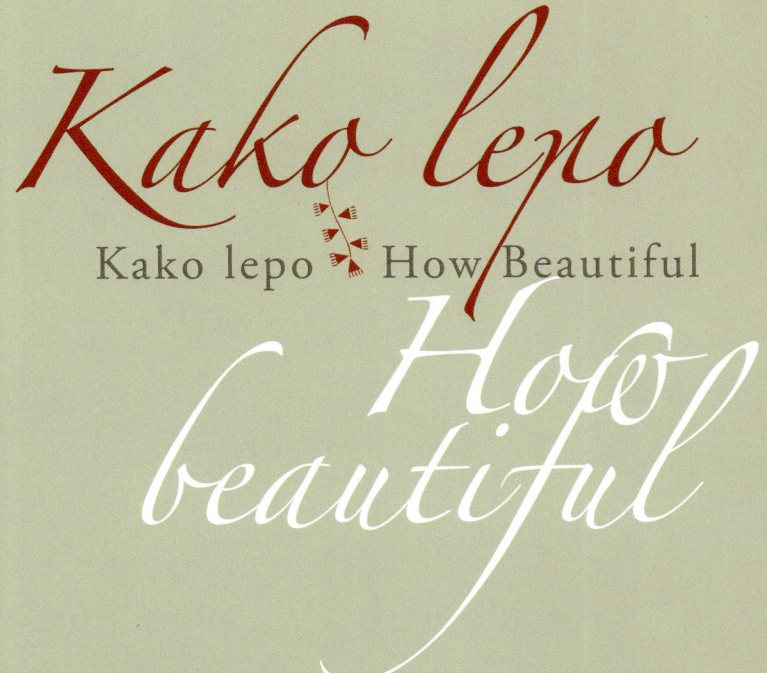

Kako lepo

Kako lepo ❧ How Beautiful

How beautiful

I was walking up Velika Planina one day. The sun was shining, the sky was blue, the birds were singing. And I turned to the children and said, "How beautiful!"

And the children said "Kako lepo!"

"Kako lepo?" So I asked the children, "What's the word for 'mountain' in Slovene?"

"Planina!"

"Planina?"

So as we walked up the mountain, we began to sing this song:

LJUBIM PLANINE, KAKO LEPO ... (I love the mountains, how beautiful ...)

So hand in hand, we walked further on up the mountain, until growing in the grass in front of us was a tiny red flower, smiling up at us. "How do you say 'flower' in Slovene?"

"Rože!"

"Rože?" So we sang to the flowers:

LJUBIM ROŽE, KAKO LEPO ... (I love the flowers, how beautiful ...)

On and on we walked up the mountain, and suddenly a bright yellow bird flew out of a bush in front of us. "What's the word for 'bird' in Slovene?"

"Ptica!"

"Ptica? Okay, let's sing to the birds!"

LJUBIM PTICE, KAKO LEPO ... (I love the birds, how beautiful ...)

Up the mountain we went and there, standing in front of us, with its roots in the earth and its branches reaching to the sky, was a beautiful green tree. "What's the word for 'trees'?"

"Drevesa!"

"Drevesa?"

LJUBIM DREVESA, KAKO LEPO ... (I love the trees, how beautiful ...)

On and on up the mountain we went until we were at the very top, and we could see the whole of the earth spread out before us. Slovenija looked so beautiful. "What's the word in Slovene for 'earth'?"
"Zemlja!"
"Zemlja? Let's sing to the earth!"

LJUBIM ZEMLJO, KAKO LEPO ... (I love the earth, how beautiful ...)

"But you know, before you can love the earth, before you can love the trees and the plants and the animals or any living thing, there's one person you have to learn to love first. Yourself. How do you say 'yourself' in Slovene?"
"Sebe."
"Sebe?"

LJUBIM SEBE, KAKO LEPO ...

"So when you've finally learned to love yourself, when you love every living on the earth, then you realise what a wonderful gift your life is. How do you say 'life' in Slovene?"
" Življenje!"
"Življenje? Let's sing for the joy of being alive!"

LJUBIM ŽIVLJENJE, KAKO LEPO ...
KAKO LEPO, KAKO LEPO, KAKO LEPO
KAKO LEPO, KAKO LEPO, KAKO LEPO

Velika planina

Bohinjska Bistrica

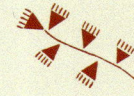

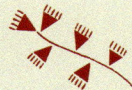

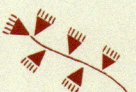

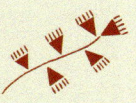

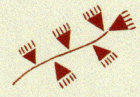

Old Štanjel

Old Štanjel · Stari Štanjel

Stari Štanjel

THE CRADLE ROCKS: SHE SMILES AND SINGS
A CUK CRIES OUT ON SILENT WINGS
AND STONE WALLS ECHO WITH THE PAST
THE FATHERS AND THE SONS OF THE KARST
I'LL DRINK WITH YOU AT LOVE'S DEEP WELL
AGAIN, SWEETHEART, IN OLD ŠTANJEL

SEE FOOTPRINTS ON THE PATH OF TIME
WHERE HORSES STAND WITH MEN IN PRIME
HE LIFTS HER HIGH TO REACH THE CART
AND EYE MEETS EYE, AND HEART CAPTURES HEART
AND NONE I KNOW SO DEEPLY FELL
AS I WITH YOU IN OLD ŠTANJEL

LONG BLACK HIS HAIR, AND DARK HIS EYES
WITH STRONG DESIRE TO CLAIM LOVE'S PRIZE
YET HANDSOME STRANGERS NONE MAY TRUST
WHERE WAR TURNS ALL TO BLOOD AND TO DUST
OUR SECRET VOWS TO WHOM CAN WE TELL
THAT I MARRIED YOU IN OLD ŠTANJEL?

OH MOTHER, I'M NO MORE A CHILD
HIS SON I BORE, DARK-EYED AND WILD
SO FATHER, TAKE MY LOVER'S HAND
BESIDE YOUR OWN TO WORK ON THE LAND
AND JOYFULLY LET RING THE BELL
TO SOUND THE PEACE IN OLD ŠTANJEL

YES I'LL DRINK WITH YOU AT LOVE'S DEEP WELL
AGAIN, SWEETHEART, IN OLD ŠTANJEL

Podpeč

Piran

Izola

Piran

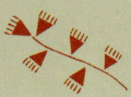

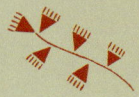

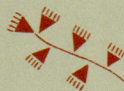

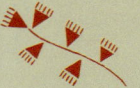

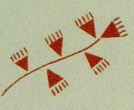

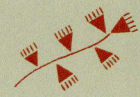

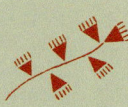

Jama Dimnice Dimnice Cave

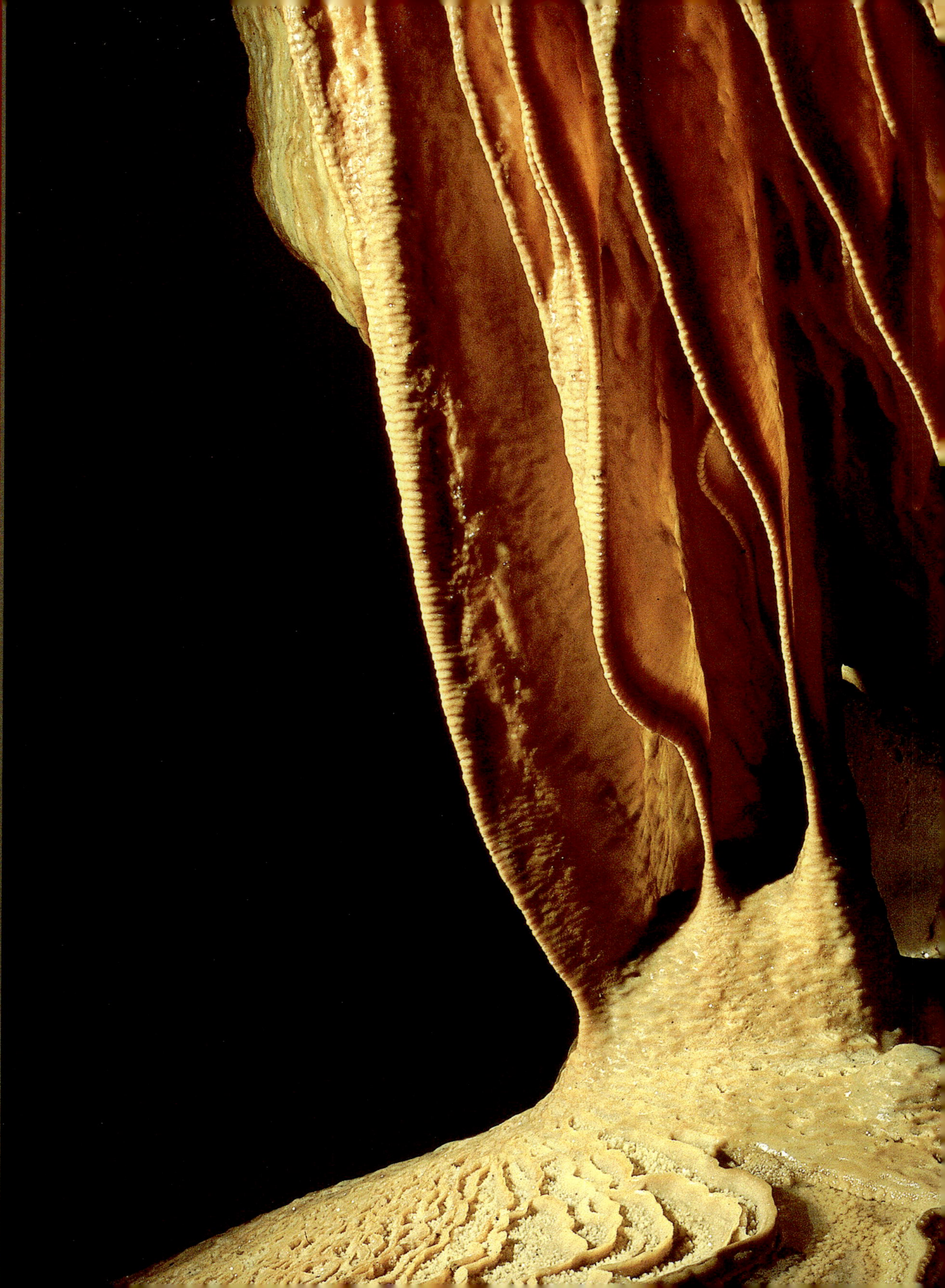

Križna jama Križna Cave

Water of Life
Voda življenja

Water of Life · Voda življenja

WATER OF LIFE, I HEAR YOU CALL ME
WHISPERING SECRETS TO MY EARS
TOWERING FACES GUARD YOUR GLORY
SILENT FOR EIGHTY MILLION YEARS
WATER OF LIFE, I FEEL YOUR POWER
THUNDERING THROUGH MY DREAMS AT NIGHT
SWEEPING MY HEART AND SOUL BEFORE YOU
TURN WITH THE TORRENT WILD AND WHITE

OOH, OOH, WATER OF LIFE ... OOH OOH, WATER OF LIFE ...

WATER OF LIFE, YOUR VOICE IS THUNDER
BOULDERS AND ROCKS, PRIMAEVAL ROAR
SPITTING OUT SPRAY IN JOYFUL WONDER
BOOMING IN BASS FROM ROOF TO FLOOR
WATER OF LIFE, I SEE THE WHIRLPOOL
DANCING WITH GREEN AND YELLOW LIGHT
FASTER AND FASTER FLOWS THE SPIRIT
TURN WITH THE TORRENT WILD AND WHITE

WATER OF LIFE, YOU ARE YOUR MASTER
GLISTENING, GLIDING ENERGY
CARVING YOUR NAME IN ALABASTER
SPLITTING THE ROCKS AND FOAMING FREE
WATER OF LIFE, THE EARTH IS IN YOU
GODDESS OF SOUND AND ANCIENT RITE
YOU ARE THE CRYSTAL SONG OF HEALING
TURN WITH THE TORRENT WILD AND WHITE

WATER OF LIFE, YOUR PATH IS CERTAIN
NOTHING CAN STOP THE SACRED FLOW
GLITTERING DROPS, CASCADING CURTAIN
DIVING THE DEEP GREEN DEPTHS BELOW
WATER OF LIFE, I DRINK YOUR WISDOM
POUNDING MY HEART WITH WAVES OF LIGHT
I AM A ROCK AND YOU MY SPIRIT
TURN WITH THE TORRENT WILD AND WHITE

Gljun

Mlinarica

Mostnica

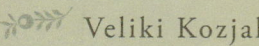

Mostnica

125

Blejsko jezero Lake Bled

Pod oknom

Pod oknom ❧ Beneath the Window

Beneath the Window

LUNA SIJE, KLAD'VO BIJE
TRUDNE, POZNE URE ŽE;
PRED NEZNANE, SRČNE RANE
MENI SPATI NE PUSTÉ.

TI SI KRIVA, LJUBEZNIVA
DEKLICA NEVSMILJENA!
TI ME RANIŠ, TI MI BRANIŠ
DE NE MOREM SPAT' DOMA.

OBRAZ MILI, TVOJ PO SILI
MI JE VEDNO PRED OČMI;
ZDIHUJOČE SRCE VROČE
VEDNO K TEBI HREPENI.

K OKNU PRIDI, DRUG NE VIDI
KO NEBEŠKE ZVEZDICE;
SE PRIKAŽI AL' SOVRAŽI
ME SRCÉ, POVEJ, AL' NE?

UP MI VZDIGNI, Z ROKO MIGNI
AK' BOJIŠ SE GOVORIT'!
URA BIJE, K OKNU NI JE
KAJ SIROTA ČEM STORIT!

V HRAM POGLEJTE, MI POVEJTE
ZVEZDE, AL' RES ONA SPI;
AL' POSLUŠA, ME LE SKUŠA
AL' ZA DRUZEGA GORI.

AKO SPAVA, NAJ BO ZDRAVA
AK' ME SKUŠA, NIČ NE DE;
PO NJE ZGUBI, AKO LJUBI
DRUZ'GA, POČ'LO BO SRCÉ.

France Prešeren

Grad Snežnik Snežnik Castle

Maria's Wings of Love

Maria's Wings of Love · Marijina krila ljubezni

Marijina krila ljubezni

THE WINGS OF LOVE ARE OPENING

COME HOME

THE SACRED SMILE HAS HOPE TO BRING

COME HOME

COME HOME TO THE HEALING HEART, THE MOTHER'S ARMS

SHE'LL HOLD YOU SAFE FOR EVER

YOU'LL FIND PEACE FOR EVER

SHELTERING FOR EVER 'NEATH MARIA'S WINGS OF LOVE

SHE SPREADS HER CLOAK WITH SIMPLE GRACE

COME HOME

SWEET COMPASSION FILLS HER FACE

COME HOME

SHE OFFERS HER GIFT TO BE PURE SANCTUARY

YOUR SOUL IS SAFE FOR EVER

YOU'LL FIND PEACE FOR EVER

SHELTERING FOR EVER 'NEATH MARIA'S WINGS OF LOVE

SEE THE HOST OF FACES SMILE TURNING TO HER LIGHT

CLOAK OF THE MOTHER DIVINE SHELTERS THE WORLD FROM THE NIGHT

MARIA, SO BLESSED ARE WE

ANGEL IZ PTUJA SI TI

IN SILENCE SHE CRIES OUR TEARS

TRANSFORMS OUR FEARS

SHE'LL HOLD US SAFE FOR EVER

WE'LL FIND PEACE FOR EVER

SHELTERING FOR EVER 'NEATH MARIA'S WINGS OF LOVE

WINGS OF LOVE ...

🌿 Kurent

Bohinjsko jezero Lake Bohinj

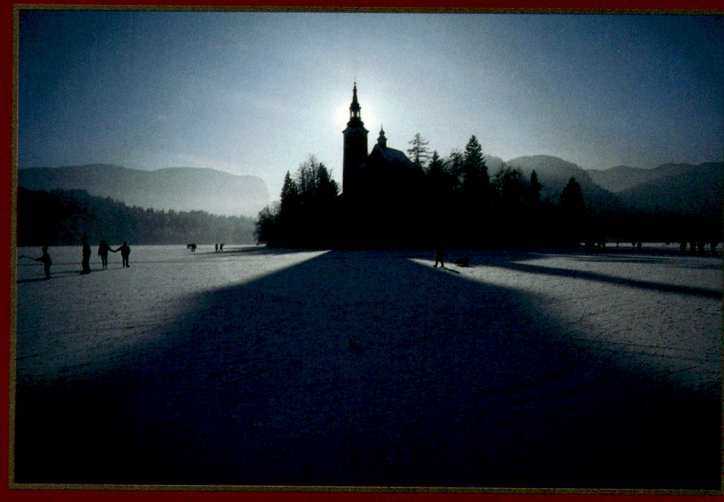

Blejski otok Bled Islet

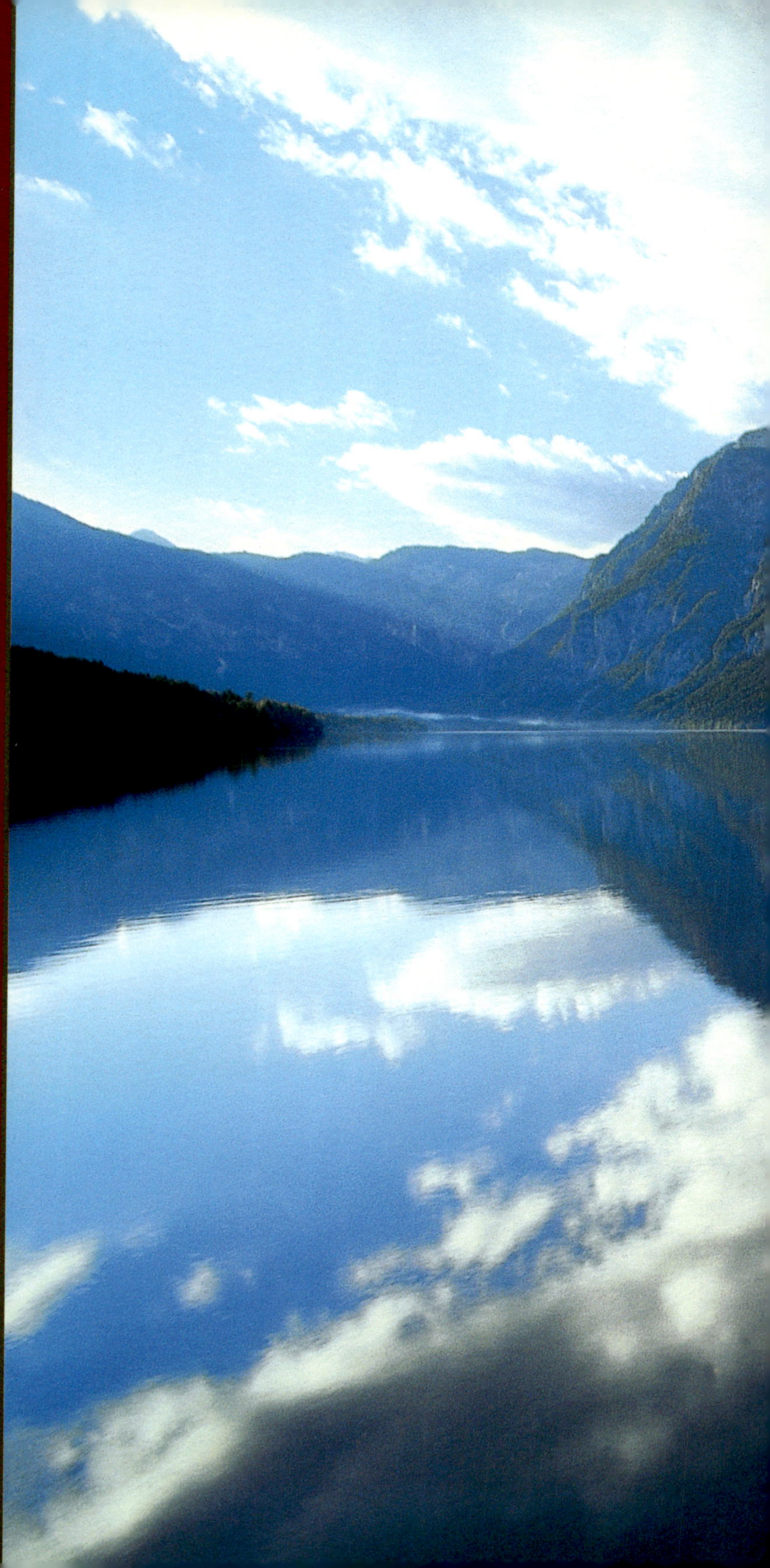

Ribnica

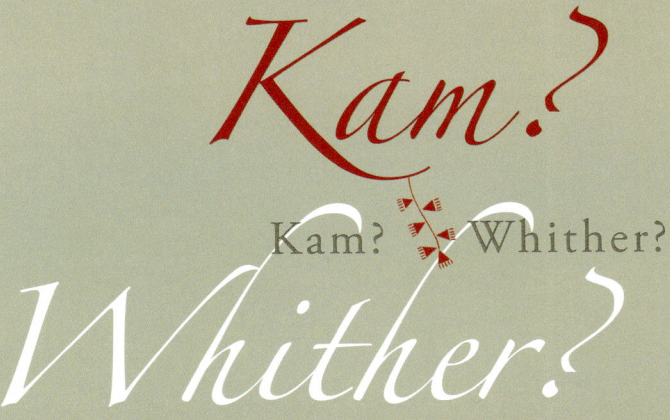

Kam?

Kam?   Whither?

Whither?

KO BREZ MIRÚ OKROG DIVJAM,
PRIJAT'LJI PRAŠAJO ME: KAM?
PRAŠAJTE RAJ' OBLAK NEBÁ,
PRAŠAJTE RAJE VAL MORJÁ,
KADAR MOGOČNI GOSPODAR
DRVI JIH SEM TER TJE, VIHAR.

KO BREZ MIRÚ OKROG DIVJAM
PRIJAT'LJI PRAŠAJO ME: KAM?

OBLAK NE VE, IN VAL NE KAM,
KAM NESE ME OBUP, NE ZNAM.
SAMÓ TO ZNAM, SAMÓ TO VEM,
DA PRED OBLIČJE NJE NE SMEM
IN DA NI MESTA VRH ZEMLJÉ,
KJER BI POZABIL TO GORJÉ.

KO BREZ MIRÚ OKROG DIVJAM,
PRIJAT'LJI PRAŠAJO ME: KAM?

France Prešeren

⊱ⴰ⟫⟫ Mrzli potok

Visoki Kanin Mt Visoki Kanin

Shirlie Roden

Slovenija song

Slovenija song ❦ Pesem Slovenija

Pesem Slovenija

THERE'S A VOICE CALLING MY NAME
THERE'S A HEART BEATING WITH MINE
A HAND REACHING OUT JUST TO HOLD ME AGAIN
AND A SMILE WHERE THE MEMORIES SHINE

SLOVENIJA, SLOVENIJA WILL ALWAYS BE MY HOME
SLOVENIJA, SLOVENIJA, WHEN I AM NEAR YOU
I AM NEVER ALONE

THERE'S A SONG, LOVING AND FREE
THERE'S A DREAM GROWING EACH DAY
THE MUSIC OF HOPE IS ALIVE IN OUR HEARTS
AS WE JOIN TOGETHER AND PRAY

SLOVENIJA, SLOVENIJA WILL ALWAYS BE MY HOME
SLOVENIJA, SLOVENIJA, WHEN I AM NEAR YOU
I AM NEVER ALONE

I'LL ALWAYS HAVE A FAMILY
I'LL ALWAYS HAVE A FRIEND
I MAY BE FAR AWAY, YOU ARE STILL WITH ME
YOU LIVE ON IN ME, SO LOVING AND FREE
YOU ALWAYS WILL BE …

SLOVENIJA, SLOVENIJA WILL ALWAYS BE MY HOME
SLOVENIJA, SLOVENIJA,
WHEN I AM NEAR YOU IT FEELS LIKE THE SPRING TO ME
WHEN I AM NEAR YOU THE MOUNTAIN TOPS SING TO ME
WHEN I AM NEAR YOU I AM NEVER ALONE
NEVER ALONE … SLOVENIJA

⊱⊰ Dane

Reka Kolpa The Kolpa river

Mir v dolini

Mir v dolini ❧ Peace in the Valley

Peace in the Valley

NAJ BO MIR V DOLINI, PEACE IN THE VALLEY

IN EVERY LEAF AND FLOWER AND GRASS AND TREE

MAY SPIRIT WANDER FREE

NAJ BO MIR NA PLANINI, PEACE IN THE MOUNTAIN

EACH ROCK AND STONE AND CREST AND HILL

MAY SPIRIT TOUCH AND FILL

WE ARE BORN AGAIN IN EACH NEW MOMENT

WE ALWAYS HAVE A CHOICE, TO WALK IN TRUTH

AND LIVE THE INNER VOICE, OUR INNER VOICE

NAJ BO MIR V REKI, PEACE IN THE RIVER

IN EVERY LAKE AND STREAM AND WATERFALL

MAY SPIRIT SPRING THE CALL

NAJ BO MIR V ZVOKU VETRA, PEACE IN THE WINDSONG

IN EVERY GUST AND GALE AND BREATH OF AIR

MAY SPIRIT SING IN PRAYER

WE ARE BORN AGAIN IN EACH NEW MOMENT

WE ALWAYS HAVE A CHOICE, TO WALK IN TRUTH

AND LIVE THE INNER VOICE, OUR INNER VOICE

NAJ BO MIR V ŽIVLJENJU, PEACE IN OUR LIVING

AS SIDE BY SIDE AND TRIBE BY TRIBE MAY SPIRIT BE OUR GUIDE

NAJ BO MIR V UMIRANJU, PEACE IN OUR DYING

IN LETTING GO, FORGIVE AND KNOW THAT SPIRIT FILLS YOUR SOUL

NAJ BO MIR V DOLINI, PEACE IN THE VALLEY

THROUGH ALL CREATED LIVING THINGS LET SPIRIT DANCE AND SING

SING TO PEACE IN THE VALLEY

✳⟩⟩⟩ Blejski otok Bled Islet

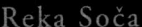

Zmaj - zaščitnik Ljubljane Dragon - the guardian of Ljubljana

Green Dragon

Green Dragon — Zeleni zmaj

Zeleni zmaj

ZELEN BRONAST ZMAJ SE MI NEMO REŽI

KO STRAŽI PREHOD PREKO REKE

SPODAJ LJUBLJANICA UTIRA SI POT

ŠTUDENTJE ČEBLJAJO POVSOD NA OKROG

KO DO BLIŽNJIH LOKALČKOV ODNAŠA JIH TOK NOVIH UPOV

PRED NJJIM FRANČIŠKANSKA CERKEV ŽARI

PREŠEREN PA K JULIJI GLEDA

ZA VEČNO UJET V SVOJ ROMANTIČNI SVET

ČEPRAV GA NE LJUBI, ŠE ZMERAJ JO SNUBI

S POLJUBI SPLETENIH BESED

AJ AJ AJ AJ, DVIGNI ME ZDAJ, LJUBLJANSKI ČUVAJ

GOR V NEBO, ZELENI ZMAJ

NESI ME ZDAJ SKOZ ČUDEŽNI KRAJ … NAD MESTO LJUBEZNI

V MEGLICAH PREBUJA SE TIVOLSKI PARK

MEHKOBA OBLIVA LJUBLJANO

KO SPODAJ POD GRADOM VSE V BARVAH KIPI

SAJ TRG ŽE ODET JE V PRIDELKE IN CVETJE

S KATERIMI KMETJE PRINESLI SO VONJ IZ VASI

KO PREK TROMOSTOVJA ZAPUŠČAŠ STAR DEL

IN DVIGNEŠ POGLED PROTI STREHAM

KJER PLEČNIKOV GENIJ NAD MESTOM BEDI

VISOKA UMETNOST IN GRADBENA SPRETNOST

DUH IN PODJETNOST SE TU NELOČLJIVO SPOJI

AJ AJ AJ AJ, DVIGNI ME ZDAJ, LJUBLJANSKI ČUVAJ

GOR V NEBO, ZELENI ZMAJ

NESI ME ZDAJ SKOZ ČUDEŽNI KRAJ … NAD MESTO LJUBEZNI

POČASI SE VZPENJA VIJUGAVA POT

NA Z DREVJEM PORASLO VZPETINO

KJER V NOVI OBLEKI STAR GRAD SE BLEŠČI

IN STRAŽO MED ZEMLJO IN NEBOM DRŽI

IN Z VINOM IN GLASBO ZDAJ VABI LJUDI V SVOJ OBJEM

ČAJ IN POTICA, PRŠUT IN TERAN, DOBROTE IZ CELE SLOVENIJE

KO Z VRH NEBOTIČNIKA SRKAM RAZGLED

ČEZ OBSIJANO IN RAZIGRANO LJUBO LJUBLJANO

ZMAJ, LETI Z MANO DOMOV

prevod / translation: Andrej Rozman Roza

Atomska Venera, WTC Atomic Venus, WTC

Tromostovje Triple Bridge

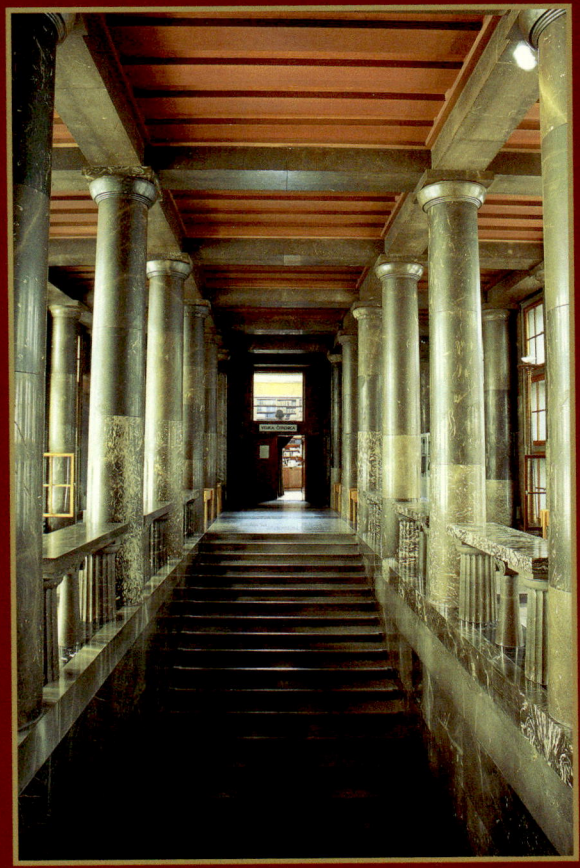

NUK National and University Library

Bogdan Kladnik

Bogdan Kladnik, fotograf, ekstremni športnik, ustanovitelj Založbe Zaklad, se je rodil leta 1960 v Ljubljani.

Kot študent medicine se je dodobra spoznal s človeško anatomijo – kar mu kljub njegovim letom in poškodbam koristi pri alpinizmu, smučanju, kajakaštvu, karateju in kikboksu, med polarnimi ekspedicijami pa tudi pri raziskovanju sotesk, slapov in jam.

Kot fotograf, urednik, pisec, oblikovalec in založnik – vse v isti osebi – se že 16 let ukvarja z izdajanjem in trženjem slovenskih knjig.

Svoje fotografije in članke objavlja v revijah Stern, Bell'Europa, Tuttoturismo, Gea, Berge, Merian, National Geographic Junior in National Geographic Adventure. Je avtor dveh sinov, osmih razstav, kakih sto razglednic, skoraj prav toliko stenskih koledarjev in več multimedijskih produkcij, ki smo si jih lahko ogledali doma in v tujini (Belgiji, Italiji, Nemčiji, Avstriji, Franciji).

Na Sedmem multimedijskem festivalu gorništva, ki je potekal leta 1993 v Briançonu, Francija, so mu podelili prvo in drugo nagrado, za navrh pa še Grand Prix de Briançon za multimedijska izdelka Večni krog in Terra Mystica. Predvsem pa je avtor in založnik 45 fotomonografij o slovenski naravni in kulturni dediščini.

Bogdan Kladnik, photographer and extreme sportsman, founder of the Zaklad Publishing House, was born in 1960 in Ljubljana.

As a student of medicine, he became very well acquainted with human anatomy - which he makes the most of it, in spite of his years and his injuries, in his mountaineering, skiing, kayaking, karate, kickbox, polar expeditions, his explorations of gorges and waterfalls, as well as speleology.

As photographer, editor, designer, writer and publisher, all in one person, he has for 16 years been involved in producing and marketing Slovene books.

He has had his photographs and articles published in the magazines Stern, Bell'Europa, Tuttoturismo, Gea, Berge, Merian, National Geographic Junior and National Geographic Adventure. He is the author of two sons, 8 exhibitions, about 100 picture post-cards, more than 95 wall calendars and several multimedia productions, presented at home and abroad (Belgium, Italy, Germany, Austria, France).

At the Seventh Multimedia Festival of mountaineering held in 1993 in Briançon, France, he was awarded first and second prizes, and the overall Grand Prix de Briançon for his multimedia exhibits Eternal Cycle and Terra Mystica. Above all he is the author and publisher of 45 photo-monographs about the Slovene natural and cultural heritage.

Shirlie Roden

Shirlie Roden je mednarodna koncertna umetnica, skladateljica - tekstopiska, voditeljica delavnic in zdraviteljica z glasom. Je avtorica knjige "Zdravljenje z glasom", delavnice na to temo pa je vodila v Angliji, Avstraliji, Avstriji, na Malti, Hrvaškem, Madžarskem in Poljskem, v Italiji in Sloveniji. Prav pri nas je nastopala že na številnih koncertih in bila deležna mnogih pohval za svoje izvirno delo z zvokom in zdravilno moč svojega glasu. Shirlie je doslej posnela šest albumov s pesmimi za dvigovanje razpoloženja in sproščanje (pri čemer se je osredotočala na pozitivna besedila in močne melodije), dvojni CD s Suzi Quatro ("Free the Butterfly"), sodelovala pa je tudi pri pisanju pesmi za Suzijin rokovski CD "Back to the Drive". Je tudi avtorica okoljskega gledališkega dela "The Miracle of Trees", ki je bilo uprizorjeno tako v Londonu kot Ljubljani. Njeni šolski projekti vključujejo "The Read It Song" in "Underneath the Skin", pesem o rasni ozaveščenosti.

Shirlie je avtorica sedmih gledaliških muzikalov in soavtorica zelo uspešnega dela "Roy Orbison Story" (nominiranega za Best Musical Olivier Award), medtem ko je njen muzikal "Jeanne" prva rokovska opera, ki so jo uprizorili v londonskem gledališču Sadlers Wells. Igrala je Frumo Saro v "Goslaču na strehi", Musetto v "La Bohemu" (v dunajski operi Kammer), in Pripovedovalko na nacionalni turneji dela "Joseph & the Amazing Technicolor Dreamcoat". Na področju rokovske glasbe je Shirlie sodelovala s takšnimi umetniki, kot so Ray Davies iz skupine The Kinks, Mike Oldfield in David Gilmore, in s skupino Ultravox.

Dodatne informacije o Shirliejini glasbi in delavnicah: www.shirlieroden.com, E-pošta: enquiries@shirlieroden.com

Shirlie Roden is an international concert performer, composer - lyricist, workshop leader and sound healer. Author of the book 'Sound Healing', she has led voice workshops in England, Australia, Malta, Austria, Croatia, Hungary, Italy, Poland, and also in Slovenia, where she has performed hundreds of concerts and received wide acclaim for her innovative sound work and the healing power of her singing voice. Shirlie has recorded six albums of her own songs to uplift and relax, focussing on positive lyrics and strong melody, plus an inner experience double cd with Suzi Quatro, 'Free the Butterfly' and also co-written tracks for Suzi's rock cd 'Back to the Drive.' She also devised and wrote the environmental piece 'The Miracle of Trees' which was staged in both London and Ljubljana. Schools projects include 'The Read It Song' and the racial awareness song 'Underneath the Skin'.

Shirlie has had seven musicals produced for stage and is co-writer on the highly-successful 'Roy Orbison Story' (nominated for a Best Musical Olivier Award) while her Joan of Arc musical 'Jeanne' was the first rock opera to be performed at Sadlers Wells, London. Acting credits include Fruma Sara with Topol in 'Fiddler on the Roof', Musetta in 'La Boheme' at the Kammer Oper in Vienna, and the Narrator in the national tour of 'Joseph & the Amazing Technicolor Dreamcoat.' Shirlie has also worked in rock music with such artists as Ray Davies and the Kinks, Mike Oldfield, Ultravox and David Gilmore.

Further information on Shirlie's music & workshops: www.shirlieroden.com, E-mail: enquiries@shirlieroden.com

Fotografija • Photography
Idejna zasnova • General lay-out
Bogdan Kladnik

Besedilo • Text
Shirlie Roden

Oblikovanje • Design
Ivana Kadivec

Uvod • Introduction
Mitja Meršol

Pesmi • Lyrics
Shirlie Roden

Angleški prevod • English version
**Skrivanek d.o.o.,
Henrik Ciglič**

Založba • Published by
ZAKLAD, Ljubljana
Čižmanova 6, 1211 Ljubljana, Slovenija
E-mail: info@zaklad.si
www.zaklad.si

Za založbo • Representative
Bogdan Kladnik

Tisk in vezava • Print and binding
Tiskarna knjigoveznica Radovljica

CIP - Kataložni zapis o publikaciji
Narodna in univerzitetna knjižnica, Ljubljana

908(497.4)(084.12)
77.047(497.4)

KLADNIK, Bogdan
  Preprosto Slovenija = Simply Slovenia / fotografija, photography
Bogdan Kladnik ; besedilo, text Shirlie Roden ; [uvod Mitja Meršol ;
angleški prevod Skrivanek]. - Ljubljana : Zaklad, 2007

ISBN 978-961-6266-38-3
1. Vzp. stv. nasl.
235935488